Text: Chantal Bernard

Vorwort: Anne Hudson

DESSERTS

Grundtechniken und beste Rezepte

Fotos: Sophie Boussahba

Gestaltung: Emmanuelle Javelle

KUBIK VERLAG

RvR

Originalausgabe:
Desserts. Le B.A.-Ba de la pâtisserie
et les meilleures recettes,

RvR Verlag GmbH
Schulstraße 64
D-77694 Kehl
www.rvr-verlag.de

Grafik und Design: Thomas Brisebarre
Übersetzung: Ulrike Lowis
Projektkoordination und Lektorat: Ruth Mader
Korrektorat: argus Korrekturservice, Köln

ISBN 3-938265-04-3

Printed in Spain
Druck: April 2005

[Inhalt]

[Einleitung]

Mit glücklichen Kindheitstagen verbinden sich unweigerlich Erinnerungen an köstlich süße Desserts, Kuchen und unbeschwerte Geburtstagsfeste.

Als ich klein war, konnte mich kaum etwas schwerer treffen als die berüchtigte Drohung „Wenn du deinen Teller nicht leer isst, bekommst du keinen Nachtisch!". Vermutlich war es nicht zuletzt diese Aussicht, die mich neugierig und bereitwillig alles probieren und auch aufessen ließ, was man mir vorsetzte, auch wenn Kalbsleber und Erbsenpüree nicht unbedingt zu meinen Lieblingsgerichten gehörten.

Desserts sind der krönende Abschluss eines jeden Mahls und gleichzeitig ein Spiegel der Jahreszeiten. Im Frühling freut man sich auf Erdbeertarte, im Sommer versinkt man in reifen, süßen Früchten, und Charlotte, Clafoutis, Obstsalat und Sorbets verwöhnen den Gaumen. Zum Herbst und der Zeit der ersten Fröste passen Reiskuchen und karamellisierte Schnee-Eier, und der Apfelkuchen hat Hochsaison. Winter und Weihnachtszeit locken mit Adventskuchen mit getrockneten Früchten, typischem Weihnachtsgebäck und Vanillecrêpes ... Für jede Jahreszeit und jede Gelegenheit, aber auch für jeden Geschmack und jede Vorliebe gibt es eine ganze Fülle von Desserts.

Für mich ist der Mille-feuille der König der Desserts – der echte mit Blätterteig, Konditorcreme und Puderzucker! Besonders der Puderzucker hat es mir angetan: Als Kind – und wenn ich mich unbeobachtet fühle gelegentlich auch noch heute – habe ich immer vorsichtig die oberste Blätterteigschicht mit dem Puderzucker abgelöst und erst ganz zum Schluss gegessen. Und jedes Mal hatte ich nachher eine weiße Zuckerschnute. War das köstlich! Und dann die kleinen mit Creme gefüllten Windbeutel mit ihrer goldenen Karamellhaube ...

In diesem Buch finden sich sowohl traditionelle als auch zeitgenössische Rezepte, die jede Küche in eine Konditorei verwandeln und somit die süßesten Träume wahr werden lassen.

Die vorgestellten Desserts sind ein Hochgenuss für jede Naschkatze, und die Bilder und Rezepte lassen einem schon das Wasser im Munde zusammenlaufen.

Danke!
Anne Hudson

[Die Schlüssel

zum Erfolg]

Ein gelungenes Dessert – ob aufwendig zubereitet oder in wenigen Minuten gezaubert – ist mit einem Rezept, das man Schritt für Schritt befolgen kann, kein Hexenwerk. Schwieriger wird es, wenn man einem Kuchen, einer Tarte oder einer Creme eine persönliche Note geben will. Bei der Variation eines Desserts stellen sich häufig vielerlei Fragen, die einige Grundkenntnisse über die Zutaten erfordern: Arbeitet man lieber mit feinem oder grobem Zucker, eignet sich Rohmilch oder pasteurisierte Milch besser, kann man die Schlagsahne durch Crème fraîche ersetzen, gelingt das Dessert besser mit Weizenmehl oder Speisestärke? Nicht selten ist es durchaus möglich, eine Zutat durch eine andere zu ersetzen und das Dessert damit geschmacklich zu nuancieren.
Einen kleinen Grundvorrat an Zutaten sollte man also immer im Haus haben – dann kann man seine Desserts jederzeit variieren oder im Notfall sogar improvisieren, schließlich hat man meistens auch mehr als eine Öl- oder Nudelsorte zur Hand.
Ebenfalls wichtig für das Gelingen eines Desserts sind die Utensilien zum Abmessen, Zubereiten und Backen bzw. Kochen. Eigentlich benötigt man lediglich eine kleine Grundausstattung, ausgeklügelte Gerätschaften sind meist überflüssig. Gelegentlich schlummern in den Küchenschubladen ausgesprochen nützliche Küchenwerkzeuge, die einfach häufiger zum Einsatz kommen sollten, etwa Teigschaber, Siebe, Reiben und Dessert- und Kuchenformen.
Hat man die wichtigsten Zutaten und die Grundausrüstung beisammen, fehlen nur noch einige Kniffe und Tricks, um sich endgültig seine Sporen als Zuckerbäcker zu verdienen: Wie spart man Zeit, behebt ein kleines Missgeschick, bewahrt man ein Dessert am besten auf (usw.)? Die folgenden Seiten sind eine Einführung in die wunderbare Welt der Zuckerbäckerei. Ihre Geheimnisse machen jedes Dessert zur Krönung des simpelsten Mahls und des aufwendigsten Menüs.

Die wichtigsten Zutaten

Zucker

Im Handel werden zahlreiche Zuckersorten angeboten, dabei findet jede ihre eigene Verwendung. Diese gilt es, bei der Auswahl zu berücksichtigen: Ein Dessert kann dadurch nur besser werden.

Feinzucker/Raffinade ▸ Dieser Zucker ist die gängigste Sorte für die Zubereitung von Desserts, denn sie löst sich rasch auf und eignet sich besonders für Kuchen, Cremes, Obstsalate und Baisers sowie zum Bestreuen von ausgebackenen Beignets und Crêpes.

• Beim Aufschlagen von Eigelb mit Zucker sollte man den Zucker nicht auf einmal zugeben: Er verklebt dann leicht und löst sich nicht auf. Den Zucker beim Rühren langsam in das Eigelb rieseln lassen. Wenn die Masse cremig wird, ihr Volumen verdoppelt hat und hellgelb ist, hat sich der Zucker aufgelöst.

• In Crêpe- und Waffelteig sorgt Zucker dafür, dass das Gebäck goldbraun und knusprig wird.

• Bevor man ein Dessert flambiert (Alaskatorte, Obst ...), sollte man es mit feinem Zucker bestreuen: Zum Geschmack des Alkohols gesellt sich dann eine Karamellnote.

Grober Zucker/Weißzucker ▸ Diese Zuckersorte ist etwas gröber gekörnt als der Feinzucker. Man verwendet sie für Konfitüren und zum Backen. Bestreut man eine Form mit grobem Zucker, lässt sich der Kuchen leichter daraus lösen (s. S. 14). Als Garnierung versüßt er viele Kuchen.

Puderzucker ▸ Dieser fein gemahlene Zucker löst sich sehr schnell auf, ist jedoch auch anfällig für Feuchtigkeit. Er eignet sich zum Bestäuben oder Glasieren von Trockenkuchen und zur Herstellung von sandigen oder süßen Mürbeteigen. Gern wird er auch zum Süßen von Schlagsahne und Desserts verwendet, die nicht gekocht oder gebacken werden, etwa Mousses und Petits fours.

Würfelzucker ▸ Als weißer Zucker ist er in der Dessertküche unersetzlich. Mit Flüssigkeit getränkt, lässt er jeden Karamell gelingen. Reibt man ihn an der Schale von Zitrusfrüchten, verleiht er Desserts ein entsprechendes Aroma, und als brauner Zucker schmeckt er gut in Heißgetränken. Für die Zubereitung von Punsch eignet er sich ausgezeichnet.

Gelierzucker ▸ Gelierzucker besteht aus Zucker, natürlichem Fruchtpektin und Zitronensäure. Er eignet sich hervorragend für die Herstellung von Konfitüren, Marmeladen und Gelees und macht den Zusatz anderer Geliermittel überflüssig. Auch für die Eisbereitung ist er empfehlenswert, denn er verhindert das Kristallisieren der Creme.

Rohrzucker ▸ Der Geschmack von Rohrzucker erinnert an Rum. Er wird häufig für exotische Kuchen, Fruchtsäfte, Punsche und Cremes verwendet.

Farinzucker (Kassonade) ▸ Der ungebleichte, ungereinigte braune Rohzucker wird aus Zuckerrüben gewonnen. Er ist von cremiger Konsistenz und würzigem Geschmack und wird bevorzugt für Süßspeisen aus dem Norden Frankreichs verwendet, insbesondere für die Tarte au sucre (s. S. 22).

Brauner Kandis ▸ Diese Zuckersorte wird aus Zuckerrüben oder Zuckerrohr hergestellt. Sie wird häufig zur Herstellung von Likören benutzt, da sie sich langsam auflöst, außerdem findet sie Verwendung in einigen Brioche-Rezepten oder zur Garnierung zahlreicher weiterer Desserts.

Milcherzeugnisse

Milch ▸ Für die Zubereitung von Desserts kann man Rohmilch (die mindestens 5 Minuten lang abgekocht werden muss), pasteurisierte Milch, H-Milch, Kondensmilch (ungezuckert und gezuckert) sowie Milchpulver verwenden.

Sahne/Crème double ▸ Sahne entsteht beim Entrahmen von Milch. Ob unbehandelt, pasteurisiert, ultrahocherhitzt oder sterilisiert – sie enthält mindestens 30 % Fett. Der Fettgehalt von fettreduzierten Sahneerzeugnissen variiert zwischen 12 und 30 %.

Sahne ist ein empfindliches und leicht verderbliches Produkt, daher sollte man immer nur die für ein Rezept benötigten Mengen einkaufen.

Getreide

Weizenmehl ▸ Diese Mehlsorte findet am häufigsten Verwendung in Dessertrezepten. Dabei unterscheidet man bei der Zubereitung von feinen Backwaren und Weißgebäcken zwei verschiedene Typen:

Mehl Type 550: geeignet für Mürbe- und (süße) Brotteige;

Mehl Type 405: besonders geeignet für Blätterteige und süßes Hefegebäck.

Maismehl ▸ Findet in einigen regionalen oder exotischen Spezialitäten Verwendung.

Buchweizenmehl ▸ Relativ dunkles Mehl, in erster Linie Zutat für regionale Spezialitäten wie bretonische Crêpes.

Speisestärke ▸ Speisestärke ist feiner und heller als Weizenmehl. Wird in einem Rezept Speisestärke als Zutat angegeben, kann man wahlweise Kartoffel- oder Maisstärke verwenden. Ein mit Stärke zubereiteter Teig ist sehr locker, fällt jedoch leicht auseinander.

Darum werden in einigen Rezepten Speisestärke und Mehl zu gleichen Teilen verwendet. Bevor man Speisestärke zum Andicken in eine kochende Flüssigkeit gibt, sollte man sie in etwas kaltem Wasser oder kalter Milch anrühren. Die Creme dickt bereits nach kurzem Aufkochen an.

Grieß ▸ Grieß ist ein Mahlprodukt aus Hartweizen. Man unterscheidet nach der Partikelgröße zwischen feinem, mittlerem und grobem Grieß. In einigen regionalen Küchen wird auch Reis- oder Maisgrieß verwendet. Ist in einem Rezept Grieß ohne ausdrücklichen Zusatz aufgeführt, ist immer Hartweizengrieß gemeint. Grieß eignet sich für die Zubereitung von Puddings und süßen Zwischenmahlzeiten. Dabei sollte man ihn immer in die kochende Flüssigkeit rieseln lassen. Als Belag auf Tortenböden, die mit besonders saftigen Früchten abgebacken werden, saugt er deren Saft auf und verhindert ein Durchweichen des Bodens.

Tapioka ▸ Tapioka ist ein Stärkemehl aus der Wurzelknolle des Manioks, das sich ausgezeichnet für die Zubereitung von süßen Zwischengerichten, Schaumcremes, Kuchen und Puddings eignet. Tapioka bindet die Speisen und verleiht ihnen eine ausgesprochen geschmeidige Konsistenz. Das Stärkemehl in die kochende Flüssigkeit rieseln lassen und 2 bis 5 Minuten mit einem Holzlöffel umrühren, erst nach dem Kochen süßen.

Reis ▸ Reis hat einen hohen Energiegehalt bei geringem Volumen und ist leicht verdaulich. Bevor er in das Supermarktregal gelangt, werden die Körner umfassend behandelt, nämlich geschält, geschliffen und poliert usw.
Reis wird in verschiedenen Formen angeboten.

Polierter Reis/Weinssreis: Spelz, Frucht- und Samenschale sind vollkommen entfernt. Er muss vor dem Kochen gewaschen, jedoch nicht eingeweicht werden. Nach dem Kochen ebenfalls abspülen.
Parboiled-Reis: dampf- und wärmebehandelt, hat einen höheren Vitamin- und Mineralstoffgehalt als Weißreis.
Er muss weder vor noch nach dem Kochen gewaschen werden. Als Weiß- oder Naturreis erhältlich, klebt nicht.
Schnellkochreis: erhältlich als Rund- und Langkornreis. Für Süßspeisen ist Rundkornreis besonders geeignet. Wird er in Milch gekocht, muss er zuvor gewaschen und einige Minuten in kochendem Wasser blanchiert werden.

Eier

Eier sind eine wichtige Zutat für zahlreiche Rezepte. Eigelb bindet Teige und Cremes, zu Eischnee geschlagenes Eiweiß macht Teige lockerer und findet in verschiedenen anderen Rezepten Verwendung.

Auswahl der Eier

- Ein frisches Ei hat eine glänzende Schale. Wenn man es schüttelt, muss es sich voll anfühlen. Das Eigelb muss rund sein und darf beim Aufschlagen nicht zerlaufen.
- Ein tagesfrisches Ei bleibt in einem Behältnis mit Salzwasser auf dem Boden liegen. Ist es schon einige Tage alt, taucht es mit dem dickeren Ende, in dem sich die Luftkammer befindet, an der Oberfläche auf.
- Die Farbe der Schale oder des Eigelbs haben keinen Einfluss auf die Qualität des Eises.
- Eier der Gewichtsklasse M und L eignen sich am besten für die Zubereitung von Süßspeisen.
- Für Desserts, die nicht oder nur sehr wenig gekocht werden, nur als „extra frisch" gekennzeichnete Eier verwenden (Güteklasse A – extra).

Zucker

Sahne

Mehl

Eier

Zubereitung der Eier
• Die Eier zunächst einzeln in ein gesondertes Gefäß aufschlagen, um zu überprüfen, ob sie nicht verdorben sind.
• Nicht mit Silberlöffeln oder -gefäßen arbeiten.
• Eierschale ist sehr porös, sodass Eier leicht einen Fremdgeschmack annehmen. Daher nicht neben geruchsintensiven Lebensmitteln (Melonen, Zwiebeln, Ananas usw.) aufbewahren.
• Aufgeschlagene Eier rasch verarbeiten oder im Kühlschrank aufbewahren: Das Eiweiß verdirbt sehr schnell.

Fette und Öle

Butter ▸ Butter sollte immer frisch verarbeitet werden. Ranzige Butter verleiht Kuchen einen unangenehmen Beigeschmack.
Gesalzene Butter ist durchaus wohlschmeckend, eignet sich jedoch nicht für die Zubereitung von Süßspeisen, mit Ausnahme von einigen regionalen Spezialitäten.

Margarine und Pflanzenfett ▸ Bestehen aus pflanzlichen Fetten und Ölen und werden wie Butter verwendet, vertragen allerdings höhere Temperaturen. Möchte man die Beignets noch warm verzehren, sollten sie in Pflanzenfett frittiert werden. Bei dem Genuss von kalten Beignets empfiehlt es sich, sie in Öl auszubacken, da Pflanzenfett beim Erkalten wieder hart wird.

Öl ▸ Für Süßspeisen wird zumeist Sonnenblumen- oder Erdnussöl verwendet, doch in einigen regionalen Küchen gibt es auch Rezepte mit anderen Ölen wie z. B. Olivenöl oder Walnussöl. Ein Löffel Öl im Crêpeteig macht ihn geschmeidig und verhindert, dass die Crêpes anbacken. Darauf achten, dass das Öl nicht anbrennt. Öl nach dem Frittieren sorgfältig filtern, dann kann man es mehrmals benutzen.

Backtreibmittel

In verschiedenen Teigen verwendet man Eischnee, Hefe oder Backpulver als Backtreibmittel (s. S. 63).

Backhefe ▸ Besteht aus mikroskopisch kleinen Pilzen, die im feuchtwarmen Milieu die Fermentation des Mehls in Gang setzen. Dabei wird Kohlendioxid freigesetzt. Die entstehenden Gasbläschen versuchen, dem Teig zu entweichen, sind jedoch in der elastischen Masse eingeschlossen. Sie dehnen sich aus und bringen den Teig zum Aufgehen. Frische Backhefe aus der Bäckerei muss am selben Tag verarbeitet werden. Frische Würfelhefe aus dem Kühlregal des Supermarkts kann nach dem Öffnen im Kühlschrank 2 bis 3 Tage aufbewahrt werden. Trockenhefe ist in Päckchen erhältlich, ein Päckchen entspricht einem halben Würfel Frischhefe (35 Gramm).

Backpulver ▸ Ist in Päckchen abgepackt erhältlich und lässt sich auch durch Natron (Natriumbikarbonat) ersetzen, jedoch nicht durch Backhefe. Backpulver wird stets als letzte Zutat unter den Teig gemischt. Im Allgemeinen rechnet man 3 Gramm Backpulver auf 500 Gramm Mehl.

Gelatine

Gelatine lässt Englische Creme oder Fruchtcoulis (Fruchtpüree) fest werden und macht damit eine ganze Reihe von kalten Desserts sturzfähig. In kaltem Wasser einweichen, dann bei geringer Hitze in einer warmen Flüssigkeit auflösen und einrühren. Gelatinepulver kann direkt in eine heiße Creme eingearbeitet werden. Ein fest gewordenes Dessert lässt sich leichter aus der Form lösen, wenn man diese mit kaltem Wasser ausspült und nicht abtrocknet, bevor man die Dessertmasse hineinfüllt.

Obst

Obst wird in vielfältiger Form in Desserts verarbeitet oder dient der Garnierung.

Frischobst ▸ Es ist empfehlenswert, immer saisonales Obst zu kaufen – das ist am günstigsten und schmeckt am besten.
Steinobst vor der Verwendung entsteinen. Einem Clafoutis (Desserttorte) allerdings verleihen nicht entsteinte Kirschen einen besonderen Geschmack.
Bei der Auswahl des Obstes gilt es allerdings, zu berücksichtigen, was für ein Dessert man zubereiten möchte.
Obstsalate: schmecken am besten aus reifen, aromatischen Früchten.
Kompotte: In einem Kompott kann man sowohl nicht ganz reife als auch überreife Früchte verarbeiten.
Flambiertes Obst: Die verwendeten Früchte sollten möglichst fest sein.
Tartes: Empfindliches Obst sollte immer roh auf dem abgebackenen Teig verteilt werden. Nur Früchte mit einem geringen Wasseranteil können mitgebacken werden.

Maronen/Esskastanien ▸ Sie werden in gerösteter Form oder als Püree in Kuchen und Nachspeisen verarbeitet. Aus Maronencreme lassen sich köstliche Eisvariationen und leckere Kuchenfüllungen herstellen. Frische, gesunde Maronen sind schwer und dürfen weder Flecken noch Löcher haben.

Mandeln ▸ Die in Deutschland eher unbekannten frischen Mandeln in grüner Schale gibt es von Juni bis September. Getrocknete Mandeln sind das ganze Jahr über in den verschiedensten Formen erhältlich: Abgezogen kann man sie in Pralinen und Nougat verarbeiten und als

Garnierung verwenden; Mandelblätter, gehackte und gemahlene Mandeln sind in vielerlei Rezepten enthalten.
Mandeln werden schnell ranzig. Sie sollten trocken und luftdicht in einer Dose aufbewahrt und rasch verarbeitet werden.
Bittermandelaroma ist in vielen Süßspeisen enthalten, doch man sollte es vorsichtig dosieren, da es einen sehr intensiven Geschmack hat.

Walnüsse ▸ Frische Walnüsse gibt es im August und September.
Die ganzen Kerne sind eine hübsche Kuchengarnitur. Gemahlen können sie im Dessert verarbeitet oder ebenfalls als Garnierung verwendet werden. In gehackter Form passen sie hervorragend zu Obstsalat.
Walnüsse werden schnell ranzig. Sie sollten trocken und luftdicht in einer Dose aufbewahrt und rasch verarbeitet werden.

Haselnüsse ▸ Die Schalen dürfen keine Löcher haben, denn das ist ein Zeichen für Wurmbefall. Wenn der Kern gegen die Schale schlägt, ist die Nuss alt und mit Sicherheit ranzig.
Haselnüsse werden schnell ranzig. Sie sollten trocken und luftdicht in einer Dose aufbewahrt und rasch verarbeitet werden.
Man verwendet Haselnüsse auch für die Krokantherstellung. Gemahlen dienen sie als Garnierung oder ersetzen in einigen Rezepten das Mehl.

Pinienkerne ▸ Garnierung für Kekse und Kuchen.

Kokosnüsse ▸ Mit dem Fruchtfleisch kann man köstliche kleine Kuchen backen. Gibt man Kokosraspeln in die Baisermasse für pochierte Schnee-Eier, erhalten diese ein wunderbares Aroma.

Trockenobst ▸ Aus getrockneten Aprikosen, Pflaumen, Birnen, Äpfeln oder Pfirsichen kann man außerhalb der Saison Kompotte zubereiten: in Wasser oder leicht gesüßtem Tee einweichen und dann kochen.
In Alkohol eingelegte Rosinen passen zusammen mit kandierten Früchten wunderbar in Englische Cakes, Brioches und zu Tartes.

Obst aus der Dose oder dem Glas ▸ Mit Zucker konserviertes Obst eignet sich zum direkten Verzehr oder als Zutat zu einem Dessert. Mit dem Sirup kann man z. B. die Kekse bzw. den Biskuit für eine Charlotte tränken.
Ungezuckertes, als Dunstobst bezeichnetes Obst (eher selten) eignet sich als Tortenbelag oder zum Kochen von Kompott.

Tiefgekühltes Obst ▸ Nicht alle Früchte lassen sich gleich gut einfrieren. Tiefgefrorene Himbeeren eignen sich als Zutat zu Quarkdesserts, Obstsalaten, Eis oder einer Charlotte oder als Belag für einen Kuchen. Tiefgekühlte Erdbeeren lassen sich schlecht als ganze Frucht verarbeiten. Blaubeeren sind ein hervorragender Belag für Tartes. Das Obst einige Stunden vor dem Verzehr oder der Verarbeitung aus dem Tiefkühler nehmen und im Kühlschrank auftauen.

Kandierte Früchte ▸ Kandierte Früchte sind eine wichtige Zutat für einige klassische Rezepte wie Englischen Cake und Pudding, Cremes und Rum-Baba. Sie lassen sich gut in einem Einmachglas oder einer luftdicht verschlossenen Kunststoffdose aufbewahren.

Konfitüren und Gelees ▸ Konfitüren werden in verschiedenen Süßspeisen, Charlottes, Puddings und Kuchen verwendet, ebenso dienen sie als Füllung für Brioches, Crêpes und Biskuitgebäck.
Mit Gelees glasiert man Kuchen und Torten.

Butter

Backtreibmittel

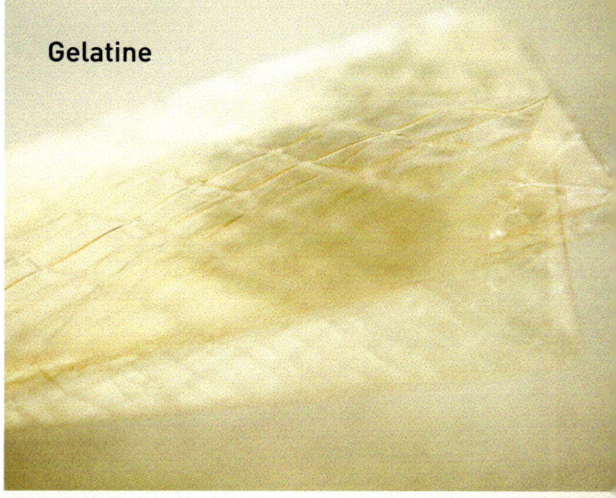
Gelatine

Walnüsse

Aromen und Gewürze

Sie verleihen einem Dessert seinen individuellen Charakter. Mit dem Austausch eines einzelnen Gewürzes kann man die Geschmacksrichtung eines Rezeptes wesentlich verändern.

Salz

Salz ist eine wichtige Zutat in den meisten Süßspeisen. Im Allgemeinen benötigt man eine Prise (2 Gramm).

Karamell

Karamell wird häufig in der Dessertküche verwendet. Man kann ihn selbst herstellen (s. S. 15), doch er ist auch als Sirup im Handel erhältlich.

Alkohol

In der Dessertküche verwendet man Alkohol zum Aromatisieren von Teigen, Mehlspeisen, Cremes, Sirups oder frischem Obst, zum Tränken von Babas und Savarins und zum Flambieren von Crêpes und verschiedenen Früchten wie Bananen.
Besonders geeignet sind Schnäpse und Liköre mit ausgeprägtem Eigengeschmack: Rum, Kirschwasser, Kognak, Armagnac, Mirabelle, Anisette, Grand Marnier, Cointreau usw.
Nicht empfehlenswert sind künstliche Alkoholaromen, die gelegentlich wenig mit dem Alkohol desselben Namens zu tun haben. Ihnen ist ein Stück Zitronen- oder Orangenschale immer vorzuziehen.
Den Sirup zum Tränken eines Baba aromatisiert man mit Rum.
Den Alkohol bei der Zubereitung einer Creme nie in die kochende Milch oder den kochenden Sirup geben, sondern erst hinzufügen, wenn die Creme ein wenig abgekühlt oder kalt ist.
Zum Flambieren eines Desserts den Alkohol in einem kleinen Topf erwärmen, jedoch nicht kochen. Zucker über das Dessert geben, den Alkohol darüber gießen und anzünden.

Fruchtsäfte

Mit frischen oder abgepackten Obstsäften kann man Cremes und Obstsalate aromatisieren. Sie sollten jedoch erst kurz vor dem Servieren zugegeben werden.

Orangenblütenwasser

Seine erlesene Geschmacksnote verleiht Kompotten, Crêpes, Beignets, Cremes oder feinen Omeletts ein angenehmes Aroma. Es wird in sehr kleinen Mengen verwendet.

Gewürze

Zimt ▸ Zimt ist ein aromatisches Gewürz für Kompotte, Sirups, Apfel- und Mandelkuchen. Er ist gemahlen und in Stangen erhältlich, die man in Stücke schneiden kann, und wird vor dem Kochen in die Flüssigkeit gegeben. Der milde, blumige Ceylon-Zimt ist dem schärferen Cassia-Zimt aus China vorzuziehen.

Vanille ▸ Als Hauptaromaträger gilt die schwarze Vanilleschote selbst, aber auch ihr Mark und die Kerne sind sehr aromatisch. Für 1 Liter Milch ist eine längs aufgeschnittene halbe Schote ausreichend. Zunächst in der heißen Flüssigkeit ziehen lassen, dann auspressen und auskratzen – die kleinen schwarzen Samenkörner tragen das Vanillearoma.
Echter Vanillezucker ist nicht mit künstlich aromatisiertem Vanillinzucker zu verwechseln.
Außer als Schote und in Form von Vanillezucker wird Vanille noch in Pulverform und als Extrakt angeboten. Auf 1 Liter Dessertcreme benötigt man 1 TL.
Selbst gemachter Vanillezucker: eine aufgeschnittene und ausgeschabte Vanilleschote mit 60 Gramm Zucker vermischen, in einem Glas mit Schraubverschluss aufbewahren. Den Inhalt im Glas von Zeit zu Zeit durchschütteln.

Schokolade

Schokolade verträgt weder Hitze noch Kälte. Sie schmilzt bei 30 °C, und im Kühlschrank entwickelt sie einen weißen Film und verliert ihr Aroma.
Um 1 Liter Flüssigkeit zu aromatisieren, kocht man darin 125 Gramm Schokolade auf.
Schokoladensplitter und -streusel verwendet man zur Garnierung. Schokoladenspäne kann man mit einem Sparschäler selbst herstellen. Für Desserts sollte man Schokolade mit mindestens 40 % Kakaogehalt verwenden.

Kaffee

Mit Kaffee aromatisiert man Cremes, Eis und Glasuren. Man kann sowohl flüssigen Kaffee-Extrakt als auch gemahlenen Kaffee verwenden. Dazu die Flüssigkeit mit dem Kaffee vermengen und dann filtern. Auch ein sehr starker Kaffee (6 EL Kaffee auf 250 Milliliter Wasser) eignet sich zum Aromatisieren. Gute Ergebnisse erzielt man auch mit löslichem Instantkaffee. 1 EL mit wenig Wasser verrühren, dann so verwenden wie Kaffee-Extrakt.

Krokant

Krokant, karamellisierte gehackte Nüsse oder Mandeln, verfeinert Cremes und Eis. Man kann ihn selbst zubereiten und zerstoßen oder als Puder in die fertig gekochte Creme geben. Er sollte in einem luftdicht verschlossenen Behältnis aufbewahrt werden.

Zesten

Zesten sind sehr dünn abgeschälte oder abgeriebene Streifen von Zitrusfrüchten. Beim Schälen darauf achten, dass die bittere weiße Haut nicht mit abgelöst wird. Zesten verleihen Desserts eine erfrischende Zitrusnote. Verwenden Sie stets unbehandelte Früchte, die vor der Verwendung sorgfältig gewaschen und abgebürstet werden sollten.
Um eine Creme zu aromatisieren, die Zesten mitkochen und später wieder entfernen.

Das Werkzeug

Um ein gutes Dessert zuzubereiten, braucht man keine Profiausrüstung. Es gibt jedoch einige Küchenwerkzeuge und Formen, die zum Gelingen beitragen.

Das richtige Maß

Messbecher: Damit lassen sich Flüssigkeiten und lose Zutaten wie Mehl, Zucker usw. abmessen.
Waage: Es gibt verschiedene Modelle für eine Belastung von 1 bis 3 Kilogramm.

Für die Zubereitung

Nudelholz: Das Nudelholz ist meist aus Holz, kann jedoch auch aus Glas oder Kunststoff bestehen. Vor dem Gebrauch mit Mehl bestäuben und nach jedem Gebrauch reinigen.
Rührschüssel: Am besten eignen sich Schüsseln mit einem Durchmesser von 20 bis 25 Zentimeter.
Teigschaber: Sie benötigen mindestens einen Teigschaber aus Holz (im Notfall einen sehr flachen Holzkochlöffel). Sie können auch einen Kunststoff- oder Gummischaber verwenden. Metallene Spatel sind sehr nützlich, um einen Kuchen aus der Form zu lösen.
Sieb: Man verwendet es zum Sieben von Mehl und zum Durchstreichen von Saucen und Coulis, um Klümpchen und Kerne zu entfernen.
Saftpresse: Eine einfache Handpresse aus Glas, rostfreiem Stahl oder Kunststoff ist für das Auspressen von Zitrusfrüchten vollkommen ausreichend.
Reibe: Man benötigt eine große Reibe zum Raspeln von Schokolade und eine kleine zum Reiben von Zitronen- und Orangenschalen.
Elektrisches Handrührgerät: Das Handrührgerät erleichtert das Aufschlagen von Eischnee und das Rühren von Teig.

Weitere Werkzeuge

Pudersieb: zylindrisches Gefäß mit Siebboden. Durch einen Mechanismus im Griff wird das Mehl o. Ä. durch das Sieb gestrichen.
Palette: Mit seiner flexiblen Schneide eignet sich dieses Werkzeug besonders gut, um Kuchen aus der Form zu lösen und Glasuren und Cremes glatt zu streichen.
Pinsel: Man benötigt den Pinsel zum Einfetten der Formen und zum Bestreichen von Gebäck, ebenso zum Verkleben der Ränder von Gebäcktaschen. Am besten eignet sich ein 2 bis 3 Zentimeter breiter Pinsel aus Naturborsten, auch Silikonpinsel sind im Handel erhältlich.
Apfelstecher: empfohlen zum Ausstechen des Kerngehäuses bei Äpfeln und Birnen.
Nussknacker: Wählen Sie ein solides, klassisches Modell.

Formen und Förmchen

Das richtige Material ▸ Am gebräuchlichsten sind Formen aus Weißblech oder antihaftbeschichtete Modelle.
Tonformen eignen sich gut für Flans, Clafoutis und Gugelhupfe.
Feuerfestes Porzellan macht sich auch auf dem Tisch gut und bietet sich an für Kuchen, die sich nicht gut aus der Form lösen lassen. In Pyrex-Glasformen kann man den Garprozess des Desserts beobachten. Darauf achten, dass der Boden dick genug ist: Er darf sich unter Hitzeeinwirkung nicht verformen.
Auch Silikonformen sind inzwischen weit verbreitet. Sie sind ebenso hitze- wie kältebeständig (von 280 °C bis –60 °C) und nicht haftend. Da sie wärmedämmend sind, zum Backen auf ein Gitter und nicht auf das Backblech stellen. Sie eignen sich besonders zur Herstellung von kleinen Kuchen.

Spezialformen

Tarteform: Für acht Personen benötigt man eine Form mit 28 Zentimeter, für sechs Personen mit 24 bis 26 Zentimeter und für vier Personen mit 20 Zentimeter Durchmesser.
Tortenform mit hohem Rand/Springform: Diese Form ist geeignet für Biskuitgebäck, Puddings, Sandkuchen und Clafoutis. Der gebräuchlichste Durchmesser beträgt 20 Zentimeter.
Cake-Form/Kastenform: rechteckig mit hohem Rand.
Savarin- oder Baba-Form/Kranzform: In dieser runden Kranzform werden auch Sandkuchen und andere Süßspeisen zubereitet.
Charlotteform: geeignet für Flans, gestürzte Süßspeisen, Puddings und natürlich Charlottes. Eine Charlotte mit 16 Zentimeter Durchmesser reicht für sechs bis acht Personen.
Souffléform: Geeignete Materialien sind feuerfestes Porzellan oder Glas.
Spezialformen: große Formen, kleine Förmchen, Briocheformen, Gugelhupfformen, gerippte Formen, Madeleineformen, Formen in Herz- oder Fischform, winzige Formen für Petits fours, Eisformen – es gibt tausend Möglichkeiten, ein Dessert ebenso raffiniert wie fantasievoll zu präsentieren.

Tipps und Tricks

Bei der Zubereitung

Butter aufweichen ▸ Nehmen Sie die Butter 1 Stunde vor der Verwendung aus dem Kühlschrank. In kleine Stücke schneiden und mit dem Teigschaber, einer Gabel oder dem elektrischen Handrührgerät verkneten. Dabei nicht an einer Wärmequelle arbeiten. Benötigen Sie zerlassene Butter, geben Sie die feste Butter in die Form (nicht aus Metall), und stellen Sie diese in den vorheizenden Backofen oder 30 Sekunden in die Mikrowelle. So ist die Form gleichzeitig schon eingefettet. Achten Sie jedoch darauf, dass die Butter im Backofen nicht bräunt.

Form einfetten ▸ Hier gibt es mehrere Möglichkeiten.
• Pinseln Sie die Form mit einem Stück weicher Butter ein.
• Form im aufheizenden Backofen erwärmen, dann mithilfe einer Gabel ein kleines Stück Butter in der Form verteilen.
• Verwenden Sie das Butterpapier: die Form mit der gebutterten Seite einreiben.
• Verteilen Sie ein kleines Stück Margarine mit einem Stück Küchenkrepp in der Form.
• Öl in die Form geben und mit einem Pinsel verteilen.
Falls Sie eine Silikonbackform verwenden, die sowohl für den konventionellen Backofen als auch mikrowellentauglich ist, müssen Sie die Form nicht einfetten: Das Gebäck lässt sich leicht aus der Form lösen und ist glatt und glänzend.

Form bemehlen ▸ Etwas Mehl in die Form geben (je nach Rezept eingefettet oder nicht) und durch Schwenken verteilen. Überschüssiges Mehl ausschütten.

Form zuckern ▸ Groben oder feinen Zucker in einer eingefetteten Form schwenken und überschüssigen Zucker ausschütten (wie beim Mehl).

Form mit Backpapier auslegen ▸ Papier passend zuschneiden und die Form sorgfältig damit auslegen.

Im Wasserbad garen oder schmelzen ▸ Schüssel in einen Topf stellen, in dem sich Wasser befindet, dessen Temperatur knapp unter dem Siedepunkt liegt.

Backen bei hohen Außentemperaturen ▸ Alle Zutaten sollten dieselbe Temperatur haben – kühl, aber nicht kalt. Hände gelegentlich unter kaltem Wasser kühlen. Den Teig zwischen zwei Arbeitsschritten in den Kühlschrank stellen.

Schokolade schmelzen ▸ Schokolade in kleine Stücke zerteilen und mit der Milch oder dem Wasser (je nach Rezept) in eine Schüssel geben. In den vorderen Bereich des warmen Backofens, ins Wasserbad oder bei kleiner Hitze auf die Herdplatte stellen (Drahtuntersetzer unterlegen). Die Schokolade ist geschmolzen, wenn ein Messer problemlos hindurchgleitet. Bei weiterem Erhitzen wird sie krümelig. In der Mikrowelle schmelzen 50 Gramm Schokolade bei geringer Wattzahl in 1 1/2 Minuten.
Für eine Ganache (Mischung aus Schokoladenraspeln und Sahne oder feiner Butter) die Schokolade fein hacken, in eine Schüssel geben, Sahne zum Kochen bringen, über die Schokolade gießen, einige Minuten stehen lassen und dann umrühren.

Eischnee unterheben ▸ Vorsichtig 1 EL Eischnee unter den Teig ziehen. Dann den gesamten Eischnee auf einmal zugeben und behutsam unterheben.

Mehl sieben ▸ Sollten Sie kein spezielles Pudersieb haben, Mehl über der Schüssel in ein Haarsieb geben und vorsichtig rütteln.

Garen im Ofen

Damit feines Gebäck gelingt, sollte man seinen Ofen gut kennen. Dazu auch die Herstellerinformationen beachten. Backofen stets 10 bis 15 Minuten vorheizen (Ausnahme: Umluftöfen).

Platzierung der Kuchen im Backofen ▸ Kuchen auf Eischneebasis und Teige, die aufgehen oder schon aufgegangen sind, werden auf einem Gitter 10 Zentimeter über dem Boden des Backofens gebacken. Alle sonstigen Teige auf der mittleren Schiene platzieren. Falls der Zucker stark karamellisieren soll, den Kuchen weiter oben einschieben.
In einem Umluftofen (wo überall die gleiche Temperatur herrscht) kann man mehrere Kuchen gleichzeitig backen.

Kuchengröße und Backzeit ▸ Kleine Kuchen werden auf der oberen Schiene bei höheren Temperaturen gebacken als große Kuchen. Verdoppelt man die Rezeptmenge, verdoppelt sich die Backzeit nicht, sondern sie verlängert sich um etwa ein Drittel. Die Backtemperatur dabei um etwa 15 °C verringern.

Der Kuchen bräunt zu schnell ▸ Mit Backpapier abdecken.

Die verschiedenen Stadien beim Zuckerkochen

Zucker hat ein nahezu unerschöpfliches kulinarisches Potenzial, und seine Verwendung in der Dessertküche variiert mit seinem Kochgrad. Die unterschiedlichen Stadien liegen sehr nahe beieinander, darum erfordert das Zuckerkochen große Aufmerksamkeit.

Die Werkzeuge ▸ Verschiedene Utensilien tragen wesentlich zum Gelingen des Sirups bei:

- Zuckerwaage: das Reagenzglas zu drei Vierteln mit Sirup befüllen und die Zuckerwaage hineinhalten. Das Röhrchen sinkt entsprechend der Dichte ab. Den genauen Wert direkt über dem Sirup ablesen.
- Schaumlöffel: wird auch zur Herstellung von Konfitüren verwendet. In den Sirup tauchen und fest darüber pusten. Wenn sich Blasen bilden, hat der Sirup das Stadium des sog. „starken Flugs" erreicht.
- Thermometer: das Thermometer (Skala bis 200 °C) direkt in den Sirup halten. Jeder Temperatur entspricht ein bestimmtes Kochstadium. Das Thermometer nach dem Eintauchen immer unter warmem Wasser abspülen, niemals mit kaltem.

Mit diesen Instrumenten wird Ihnen das Kochen des Zuckers keine Probleme bereiten.

Die erste Zahl hinter dem Kochstadium des Zuckers bezieht sich auf die Temperatur auf dem Thermometer, die zweite auf die von der Zuckerwaage angegebene Dichte.

Zutaten ▸ Karamell gelingt am besten mit Würfelzucker, denn dieser verklumpt nicht.

Man benötigt:

1 Kilogramm weißen Würfelzucker,
200 bis 300 Milliliter Wasser (je nach Verwendungszweck),
1 TL Essig oder Zitronensaft.

Zubereitung ▸ Den Würfelzucker, das Wasser und den Essig (oder Zitronensaft) in einen rostfreien Stahltopf oder einen unverzinnten Kupfertopf mit dickem Boden geben. Bei kleiner Hitze erwärmen. Dabei nicht rühren, sondern den Topf vor- und zurückbewegen, damit sich die Wärme beim Schmelzen des Zuckers gleichmäßig verteilt.

Läuterzucker [100 °C / 1,240]: Der Sirup beginnt zu kochen, wird transparent und legt sich in einer Schicht über den Schaumlöffel.
Verwendung: Sirupfrüchte

Schwacher Faden [101 °C / 1,251]: um die Konzentration des Sirups zu überprüfen, wenn der Zucker zu kochen beginnt, Daumen und Zeigefinger erst in eine Schüssel mit kaltem Wasser und dann rasch in den Sirup tauchen: Zwischen den Fingern zieht sich 1 bis 2 Millimeter langer, sehr dünner Faden.
Verwendung: Marzipan

Starker Faden [102–103 °C / 1,262]: Der Faden ist 5 Millimeter lang und weniger dünn als beim schwachen Faden.
Verwendung: Buttercreme

Schwacher Flug [104–105 °C / 1,296]: An der Oberfläche des Sirups bilden sich große Blasen, der Faden zwischen den Fingern ist fest.
Verwendung: weicher Nougat

Starker Flug [107 °C / 1,319]: Pustet man auf den Schaumlöffel, nachdem man ihn in den Sirup getaucht hat, bilden sich feste Kugeln. Der Faden zwischen den Fingern lässt sich 2 Zentimeter in die Länge ziehen, ohne zu reißen.
Verwendung: Sirup für Konfitüren, zum Glasieren von Esskastanien, Belegkirschen

Kleiner Ballen [109–116 °C / 1,344]: Gibt man mit einem Löffel etwas Sirup

Backpapier

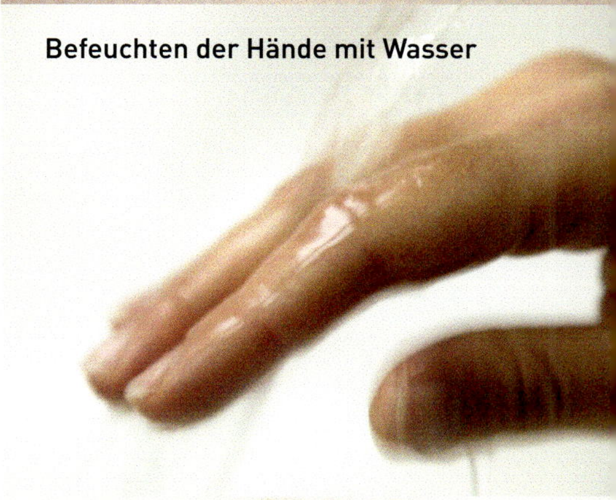
Befeuchten der Hände mit Wasser

Ganache

Form zuckern

in kaltes Wasser, bildet sich eine Kugel, die sich zwischen den Fingern verformt.
VERWENDUNG: Konfitüren

STARKER BALLEN [120–126 °C / 1,357]: In kaltem Wasser bildet sich wiederum eine Kugel, die zwar noch elastisch, jedoch fester als beim kleinen Ballen ist.
VERWENDUNG: Fondant, Nougat, weicher Karamell, italienisches Baiser (gekocht)

SCHWACHER BRUCH [129–133 °C / 1,439]: Sirup in kaltes Wasser geben: Es entsteht eine feste, klebrige Kugel.
VERWENDUNG: Marzipan

STARKER BRUCH [145–150 °C / 1,452]: Gibt man mit einem Löffel etwas Sirup in Eiswasser, wird die Kugel fest und ist zerbrechlich wie Glas. Sie klebt nicht und ist durchsichtig. Zum Glasieren von Früchten abwarten, bis sich der Sirup am Topfrand gelblich verfärbt.
VERWENDUNG: Hartkaramell, Zuckerbonbons, Pastillen, Zuckerstangen, Lutscher, gefüllte Früchte, glasierte Früchte, Zuckergitter

HELLER KARAMELL [151–160 °C / 1,466]: Der Zucker wird gelb.
VERWENDUNG: Karamellisierung von Windbeuteln und kandierten Früchten, Krokant, gestürzte Karamellcreme

DUNKLER KARAMELL [161–170 °C / 1,480]: Der Zucker wird dunkel. Über 190 °C wird er schwarz, verbrennt und nimmt einen bitteren Geschmack an.
VERWENDUNG: Aroma, Zuckercouleur

Wie man Karamell verwendet

Je nach Kochgrad und Farbe gibt es vielfältige Verwendungen für Karamell.

KLARER KARAMELL: geeignet zum Glasieren von Petits fours. Den Kochvorgang beenden, sobald der Sirup beginnt, sich am Topfrand zu verfärben.

HELLER KARAMELL: wird zum Überziehen von Windbeuteln und zum Montieren von Gebäckschichten verwendet.

HELLBRAUNER KARAMELL: zum Ausstreichen von Puddingformen, für Milchreis und gestürzte Creme geeignet.

DUNKELBRAUNER KARAMELL: wird wegen seines bitteren Geschmacks nicht in der Dessertküche verwendet.

So gelingt der Karamell

• Den Karamell niemals umrühren. Kochvorgang aufmerksam beobachten. Während des Kochens den Topf gelegentlich hin- und herrütteln, um die Hitze gleichmäßig zu verteilen.
• Karamellisierte Süßspeisen immer zusätzlich zuckern, denn beim Kochen verliert der Zucker seine Süßkraft. Verwenden Sie zum Überziehen von Kuchen und Eiscreme handelsüblichen Flüssigkaramell.
• Karamell bleibt länger flüssig (z. B. für die Glasur von Früchten oder Windbeuteln), wenn man pro 100 Gramm Zucker 1/2 TL Essig oder eine Zitronenspalte zufügt.

Eine Form karamellisieren

OHNE HITZEEINWIRKUNG: Ist die Form nicht ofenfest, den Zucker (100 Gramm auf 3 EL Wasser) in einem kleinen Topf erhitzen. Gleichzeitig die Form im Ofen erwärmen, damit der Karamell darin nicht sofort fest wird. Wenn der Karamell fertig ist, in die Schüssel geben und wie gewohnt fortfahren.

AUF DEM HERD: Man benötigt 80 Gramm Würfelzucker für eine Flanform mit 20 Zentimeter Durchmesser. Die Zuckerwürfel mit Wasser tränken, in die Form geben und bei mittlerer Hitze auf dem Herd erwärmen. Den Sirup aufmerksam beobachten. Hat der Zucker die gewünschte Farbe (hellgelb oder rötlich braun, je nach Rezept), Form vom Herd nehmen und schwenken, bis sich der Karamell überall gleichmäßig verteilt hat. Schüssel umdrehen und erkalten lassen, dann sammelt sich der Karamell nicht am Schüsselboden.

IN DER MIKROWELLE: Karamell wie auf dem Herd zubereiten (mikrowellenfeste Schüssel verwenden), dabei die Herstelleranweisungen für das Gerät beachten.

Karamell ablöschen ▸ Für 500 Milliliter Milch benötigt man 80 Gramm Zucker. Wenn der Karamell eine rotbraune Färbung hat, rasch mit einem halben Glas warmem Wasser (50 Milliliter) ablöschen (Vorsicht, heißer Dampf!) und verrühren. Mit eingedicktem Sirup die Milch aromatisieren.

Milch karamellisieren ▸ Die Milch niemals direkt in den heißen Sirup geben, sondern diesen zunächst mit Wasser ablöschen.

Verzierungen mit Karamell ▸ Einen hellen Karamell kochen. Sobald er die gewünschte Farbe hat, in einem Netz über die Süßspeise ziehen.

Glasieren von Früchten ▸ Einen hellen Karamell kochen (ein bis zwei Stück Würfelzucker à 5 Gramm pro Frucht). Früchte auf Holzspieße stecken und nacheinander in den Karamell tauchen. Auf einer Kastenform abkühlen lassen.

Windbeutel karamellisieren ▸ In einer kleinen Pfanne mit etwas Essig einen hellen Karamell zubereiten (ein bis zwei Stück Würfelzucker à 5 Gramm pro Windbeutel). Windbeutel am Boden festhalten und nacheinander in den Karamell tauchen und auf ein Gitter setzen.

Ein Dessert aus der Form lösen

Kuchen aus der Form lösen ▸ Einige Kuchen werden nach dem Backen sofort aus der Form genommen, andere müssen zunächst abkühlen. Ein Kuchengitter auf die Form setzen (bei Bedarf die Hände vor Verbrennungen schützen) und das Ganze rasch umdrehen. Niemals ein scharfes, metallenes Messer zur Hilfe nehmen – dadurch könnte die Form verkratzen. Sollten Sie zum Auslösen ein Hilfsmittel benötigen, verwenden Sie eine Palette mit biegsamer Schneide. Sollte sich der Kuchen noch immer nicht lösen, ein feuchtes Küchenhandtuch oder einen nassen Schwamm auf den Boden der umgedrehten Form legen und 1 bis 2 Minuten warten.

Pudding, gestürzte Creme oder Charlotte aus der Form lösen ▸ Die Schüssel niemals auf einen Teller stürzen, sondern die Servierplatte auf die Schüssel legen und das Ganze rasch umdrehen. Die Form vorsichtig abheben.

Eis aus der Form lösen ▸ Form 30 Sekunden in kaltes Wasser stellen, dann wie beim Pudding verfahren.

Kuchen vom Blech heben ▸ Kuchen mithilfe eines biegsamen Teigspatels auf ein Kuchengitter gleiten lassen. Kein scharfes Messer verwenden. Am einfachsten ist es, das Blech vor dem Backen mit Backpapier auszulegen. Den Kuchen beim Abkühlen auf dem Gitter niemals abdecken.

Desserts anrichten

Kuchen schneiden ▸ Den Kuchen auf eine Platte setzen und vorsichtig mit einem scharfen Sägemesser mit langer Klinge oder mit einem Elektromesser schneiden.

Crêpes warm halten und warm machen ▸ Es gibt drei Methoden.

Im Wasserbad: die gezuckerten Crêpes auf einen Teller schichten, der auf einem zu zwei Dritteln mit leicht kochendem Wasser gefüllten Topf steht. Mit Alufolie oder einem Teller abdecken.

In der Pfanne: Dieses Verfahren eignet sich besonders für abgepackte Fertigcrêpes. Die Crêpes nacheinander auf kleiner Flamme mit einem Stückchen Butter erwärmen. Wenn sich die Crêpes schlecht voneinander lösen lassen, diese kurz über Dampf erwärmen.

Backofen: einfache Crêpes in Alufolie einschlagen und 10 bis 15 Minuten bei geringer Hitze im Backofen (90 °C) erwärmen. Gefüllte Crêpes trocknen nicht so leicht aus; auf einem Teller anrichten und bei geringer Hitze im Backofen erwärmen.

In der Mikrowelle: Crêpes in Küchenkrepp einschlagen, damit sie nicht weich werden.

Kuchen auftauen ▸ Herstelleranweisungen befolgen. Am besten 1 bis 2 Stunden vor dem Servieren aus dem Tiefkühler nehmen.

Eis ▸ Damit das Eis cremig wird und seinen vollen Geschmack entfaltet, 15 Minuten bei Zimmertemperatur stehen lassen, dann sofort verzehren. Wollen Sie nicht alles auf einmal essen, ein passendes Stück abschneiden und den Rest sofort wieder in den Tiefkühler stellen.

Eis schneiden ▸ Das Messer vorher einige Sekunden in heißes Wasser tauchen.

Tarte schneiden ▸ Tarte nie in der Form schneiden, diese könnte

Charlotte aus der Form lösen

Eine Form karamellisieren

Milch karamellisieren

Windbeutel karamellisieren

verkratzen. Immer am Rand beginnen, nicht in der Mitte, sonst zerbricht die Tarte.

Obst für ein Dessert vorbereiten

Pfirsiche schälen ▸ Zwei oder drei Früchte in ein Sieb legen. Reife Früchte 10 Sekunden in kochendes Wasser halten, weniger reife 20 bis 30 Sekunden. Danach mit kaltem Wasser abschrecken und schälen.

Kerngehäuse aus Äpfeln und Birnen entfernen ▸ Das Kerngehäuse vor dem Schälen entfernen – die Schale verhindert, dass die Früchte entzweibrechen. Entfernen Sie das Kerngehäuse ganzer Äpfel mit einem Apfelstecher. Sie können dazu auch einen Sparschäler benutzen. Bei halbierten Birnen können Sie je nach Größe mit einem Tee- oder Esslöffel arbeiten.

Damit das Obst nicht braun wird ▸ Nur Utensilien aus rostfreiem Stahl und Silber verwenden. Früchte gut abtrocknen oder mit Zitronensaft beträufeln.

Empfindliches Obst waschen ▸ Erdbeeren und Himbeeren sind sehr empfindlich. Himbeeren müssen nicht gewaschen werden, es reicht aus, sie über ein feuchtes Küchenhandtuch zu rollen. Erdbeeren in einem Sieb rasch unter kaltem Wasser abwaschen.

Melone aushöhlen ▸ Mit einem spitzen Messer einen kleinen Deckel ausschneiden und die Melone mit einem Löffel mit Klinge aushöhlen, dabei die Schale nicht verletzen. Hübscher sieht das Fruchtfleisch aus, wenn Sie mit einem Kugelausstecher arbeiten.

Esskastanien schälen ▸ An der runden Seite mit einem spitzen Messer die Schale und die darunter liegende Haut einritzen. In kleinen Portionen jeweils 5 Minuten in kochendes Wasser geben. Danach lassen sich Schale und Haut auf einmal entfernen.

Ananas in Scheiben schneiden ▸ Mit einem langen, scharfen Messer den Ansatz der Ananasblätter von der Frucht abschneiden. Die ungeschälte Ananas mit einem Elektromesser in Scheiben schneiden, dann die einzelnen Scheiben schälen und den Strunk ausstechen. Man kann die Ananas auch der Länge nach durchschneiden und in Viertel oder Achtel zerteilen.
Sorgfältig Strunk und Schale entfernen, in Stücke schneiden und versetzt angeordnet auf einem Teller anrichten.

Obst pochieren ▸ Einen leichten Sirup zubereiten, Zitronensaft, ein Stück Zitronen- oder Orangenschale und Gewürze (Sternanis, Vanille, Zimt, Nelken usw.) oder einige Pfefferkörner zugeben.

Trockenobst einweichen ▸ Das Trockenobst (Pflaumen, Aprikosen, Datteln, Feigen usw.) mit heißem Wasser oder Tee übergießen und abkühlen lassen. Nach Belieben ein Stück Zimt, eine Vanilleschote oder einige Kardamomsamen zugeben.

Coulis aus roten Früchten ▸ Erdbeeren und Himbeeren pürieren, dann durch ein feines Sieb streichen, um die Kerne zu entfernen. Kernloses Obst nur pürieren. Etwas Zitronensaft zufügen.

Schale von Zitrusfrüchten schneiden ▸ Die Früchte mit einem Sparschäler schälen, ohne die weiße Haut mit abzulösen. Für feinere Streifen einen Zestenschneider verwenden oder die größeren Stücke in feine Streifen schneiden. Soll die Schale in einem Dessert verarbeitet werden, Schale auf einer feinen Reibe reiben.

Die Garnierung

Für ein gelungenes Dessert ist die Garnierung das i-Tüpfelchen. Man kann sie selbst gestalten oder bunte Bonbons, Schokoladenschmuck, Silberperlen und fertige Marzipanfiguren verwenden. Je nach Rezept wird die Garnierung vor oder nach dem Backen bzw. Kochen des Desserts vorgenommen.

Vor dem Backen ▸ Kuchen und Tartes erhalten eine schöne goldene Färbung, wenn man sie mit einer Eigelb-Wasser- oder einer Zucker-Milch-Mischung bestreicht.

Kurz vor Ende des Backvorgangs ▸ Tartes und Soufflés karamellisieren: mit feinem oder grobem Zucker bestreuen. Auch Fruchtgelees, Trockenobst und kandierte Früchte werden zu diesem Zeitpunkt auf das Gebäck gegeben.

Nach dem Backen und Kochen
Kekse und kleines Gebäck verzieren: Gebäck mit Zucker, Puderzucker, Rohrzucker oder braunem Zucker bestreuen. Entsprechend der Geschmacksrichtung kann man es auch mit Schokolade, Zesten oder Obst verzieren (je nach Rezept).

Festliche Desserts verzieren: Glasur wird auf dem abgekühlten Kuchen aufgetragen (passt am besten zu Biskuit- oder Sandkuchen). Sie kann verschiedene Geschmacksrichtungen haben: Vanille, Zitrone, Orange, Likör, Kaffee, Kokosnuss oder Karamell.
Sehr schön ist auch die traditionelle Glasur aus Puderzucker, Eiweiß und einigen Tropfen Zitronensaft.
Man kann auch einen Fondant (Schmelzglasur) verwenden. Es gibt ihn fertig zu kaufen, man kann ihn aber auch selber machen. Dazu aus

500 Gramm Würfelzucker, 100 Milliliter Wasser und einem halben Löffel Essig oder Zitronensaft einen Sirup kochen.

Rettung für einen (zu) flachen Kuchen: mithilfe eines Spritzbeutels Buttercremekringel auf den Kuchen setzen.

Krönung für Obstsalate, Eiscremes, Milch- und Fruchtdesserts: Saucen und Fruchtcoulis sind dankbare Begleiter für viele Desserts, denn sie lassen sich schnell zubereiten: Coulis aus Aprikosen, roten Früchten oder Orangen schmecken ebenso gut wie Schokoladen-, Karamell- oder Likörsaucen.

Fantasievolle Garnierung für den Geburtstagskuchen: Marzipan ist eine ideale Garnierung, denn es lässt sich beinahe beliebig formen. Um den ganzen Kuchen zu bedecken, das Marzipan vorher mit dem Nudelholz ausrollen.

Zuckerrand für Sorbetgläser und Eisbecher: groben Zucker und ein bis zwei Tropfen Lebensmittelfarbe in ein Schraubglas geben und schütteln. Den eingefärbten Zucker auf einen Teller schütten, einen weiteren mit Zitronensaft bereitstellen (man kann auch bunten Zucker kaufen). Gläser zunächst mit dem Rand in den Zitronensaft tauchen, dann in den Zucker, dabei leicht andrücken, drehen und anschließend trocknen lassen. Das Eis oder das Sorbet einige Minuten vor dem Servieren aus dem Gefrierfach nehmen und mit einem Eisportionierer in die Gläser verteilen.

Aufbewahrung von Desserts

Reste ▸ In einer luftdichten Dose in den Kühlschrank stellen. Desserts mit rohen Eiern nicht länger als 24 Stunden aufbewahren.

Plätzchen ▸ Plätzchen gut auskühlen lassen. In einer luftdichten Metall- oder Kunststoffdose aufbewahren.

Eis ▸ Eis kann man 1 Stunde in einer Isolierverpackung bei Zimmertemperatur (ohne es zu öffnen), mehrere Stunden in einer Verpackung im Kühlschrank, 1 Tag im *-Fach und mehrere Monate im Gefrierfach oder im Eisschrank aufbewahren.
Eis am besten in einer Isolierverpackung transportieren.

Coulis aus roten Früchten

Garnierung

Trockenobst einweichen

Schale von Zitrusfrüchten schneiden

[Mürbeteig]

Mürbeteig wird zur Herstellung von Tartes, Törtchen, Pasteten und gefülltem Gebäck verwendet. Bei diesem einfachen Teig kommt es auf eine rasche Verarbeitung und ein ausgewogenes Mengenverhältnis der Zutaten an. Anders als häufig angenommen, muss Mürbeteig nicht lange geknetet werden. Vermengen Sie einfach die Zutaten, und achten Sie auf die richtige Dosierung des Wassers: Der Teig sollte weder zu weich noch zu trocken sein.

Tarte für 6 Personen
(26 cm Durchmesser)
200 g Mehl
1/2 TL Salz
1 bis 2 EL Zucker (je nach Geschmack)
100 g Butter
etwa 50 ml Wasser

Diese Zutaten ergeben etwa 230 Gramm Teig, ausreichend für eine Tarte oder 15 Törtchen. Benötigen Sie mehr oder weniger Teig, sollten Sie die Mengenverhältnisse der Zutaten wahren.
Als Faustregel gilt: Man benötigt immer halb so viel Butter wie Mehl.

In einigen Rezepten des folgenden Kapitels ist das Mürbeteigrezept leicht abgewandelt. Die Mengenangaben und die Zubereitung sind dann angegeben.

Zubereitung des Teiges
Mehl in eine Schüssel geben, in die Mitte eine Mulde drücken und Salz, Zucker und die in sehr kleine Stücke geschnittene Butter hineingeben. Mit den Händen zu einem bröseligen Teig vermischen, dann nach und nach das Wasser zugeben, alles zu einem glatten Teig verarbeiten und zu einer Kugel formen, ohne zu kneten: Der Teig sollte geschmeidig, jedoch nicht zu weich sein. 30 Minuten ruhen lassen.
Dann den Teig mit der Handfläche platt drücken und wieder übereinander schlagen (dieser Arbeitsschritt verleiht der Masse Zusammenhalt). Dann vorsichtig mit dem bemehlten Nudelholz auf einer mit Mehl bestäubten Fläche ausrollen. Die Form nicht einfetten, wenn der Belag Eier, Zucker und Milch enthält. Den Teig zweimal falten und in der Form wieder auseinander klappen und hineindrücken. Überschüssigen Teig rundherum entfernen (mit dem Nudelholz über den Rand der Form rollen).

Backen
Mürbeteig wird zunächst vorgebacken (Blindbacken), dann bei großer Hitze abgebacken (220 °C). Damit sich beim Blindbacken keine Blasen bilden, Teig vorher mehrmals mit der Gabel einstechen und eine kleinere Form darauf setzen oder mit Backpapier abdecken und mit getrockneten Hülsenfrüchten beschweren. Den Belag erst nach der Hälfte der Backzeit darauf geben.

Aufbewahrung
Ohne Belag hält sich der Teig in einer luftdicht verschlossenen Dose im untersten Kühlschrankfach 1 bis 2 Tage. Man kann ihn auch roh oder gebacken, mit Belag oder ohne, als Kugel oder ausgerollt einfrieren. Nach dem Abbacken sollte er jedoch rasch verzehrt werden.

Tarte Tatin ›

Für 6 Personen
Zubereitung: 30 Min.
Backzeit: 20 Min. + 25 Min. bei 240 °C
Ruhezeit Teig: 10 Min.
Ruhezeit Tarte: 10 Min.

Mürbeteig
50 g Zucker
200 g Mehl
125 g Butter (in Stücken)
1 Ei

Belag
100 g Butter
200 g Zucker
2 kg Äpfel (Golden Delicious, Boskop, Renette)

Für den Belag die Butter in Scheiben schneiden, eine hohe Kuchenform oder Springform mit 24 Zentimeter Durchmesser damit auslegen und mit dem Zucker bestreuen. Äpfel schälen, das Kerngehäuse entfernen und vierteln. Eine Lage Äpfel in die Form schichten (mit der Wölbung nach unten), dann eine zweite Schicht passend darauf anordnen.

Äpfel bei mittlerer Hitze etwa 20 Minuten im Backofen schmoren, bis sich Blasen bilden und der Zucker hellgelb karamellisiert ist.

Währenddessen den Mürbeteig zubereiten: Zucker und Mehl vermengen, dann die Butter zugeben. Sobald der Teig eine sandige Konsistenz hat, das Ei hinzufügen. Zu einer Kugel formen und 10 Minuten ruhen lassen.

Backofen auf 240 °C vorheizen.

Teig ausrollen, auf die Äpfel legen, überschüssigen Teig in die Form drücken und weitere 25 Minuten backen. Danach Tarte 10 Minuten in der Form ruhen lassen.

Die Tarte lässt sich leichter aus der Form auf die Kuchenplatte stürzen, wenn man sie zuvor einige Minuten auf die warme Herdplatte stellt. Lauwarm oder kalt servieren.

Tarte au sucre

Für 6 bis 8 Personen
Zubereitung: 20 Min.
Backzeit: 40 bis 45 Min. bei 180 °C

300 g Mürbeteig
150 g Zucker
3 Päckchen Vanillezucker
30 g Mehl
200 ml Sahne
1 Ei
Saft einer 1/2 Zitrone
1 EL Kognak
etwas Butter für die Form
60 g Butter
geriebene Muskatnuss

Backofen auf 180 °C vorheizen.

Zucker, 2 Päckchen Vanillezucker und Mehl in einer Schüssel vermengen, dann Sahne, Ei, Zitronensaft und Kognak zugeben und alles zu einer homogenen Masse verrühren.

Tarteform einfetten. Mürbeteig 3 Millimeter dick ausrollen und in die Form legen. Rand zu einer Rolle umschlagen. Belag auf den Teig geben und glatt streichen. Die Butter als Flöckchen und etwas geriebenen Muskat darüber streuen.

Auf der mittleren Backofenschiene 40 bis 45 Minuten backen, bis der Belag fest ist. Nach dem Backen mit dem restlichen Vanillezucker bestreuen.

Kalt servieren.

Aprikosentarte mit Eierschaum

Für 8 Personen
Zubereitung: 20 Min.
Blindbacken: 10 Min. bei 200 °C
Backzeit Tarte: 40 Min. bei 200 °C

20 g Butter für die Form
1 EL Mehl für die Form
300 g Mürbeteig
1 kg Aprikosen
2 Eier
100 g Rohrzucker
200 ml Crème double
1 EL Rohrzucker zum Bestreuen

Backofen auf 200 °C vorheizen.

Eine Springform mit 26 Zentimeter Durchmesser einfetten und mit Mehl bestäuben. Den Teig 3 Millimeter dick ausrollen, in die Form hineingeben und einige Male mit der Gabel einstechen. Mit Backpapier bedecken und mit getrockneten Hülsenfrüchten beschweren. Auf der mittleren Backofenschiene 10 Minuten blindbacken.

Währenddessen die Aprikosen entstielen, waschen, aufschneiden und entsteinen. Die Form aus dem Ofen nehmen (Backofen anlassen) und die Hülsenfrüchte entfernen. Die Aprikosen auf dem Tarteboden anordnen.

In einer Schüssel die Eier mit dem Rohrzucker schaumig schlagen, dann die Crème double zugeben. Dabei weiterschlagen. Die Masse über die Aprikosen geben und die Tarte weitere 25 Minuten backen.

Dann die Tarte mit 1 EL Rohrzucker bestreuen und noch einmal 15 Minuten in den Ofen schieben. Die Tarte leicht abkühlen lassen, dann aus der Form nehmen und auf einer Kuchenplatte anrichten. Lauwarm oder kalt servieren.

Tipp: Außerhalb der Saison können Sie auch Dosenaprikosen verwenden. Gut abtropfen lassen und 60 Gramm gemahlene Mandeln auf dem Tarteboden verteilen, bevor Sie ihn mit den Aprikosen belegen: Die Mandeln saugen die Flüssigkeit auf, die das Obst beim Backen abgibt.

Rhabarbertarte mit Spekulatius

Für 6 Personen
Zubereitung: 20 Min.
Koch- und Backzeit: 10 Min. bei großer Hitze auf dem Herd + 35 Min. bei 180 °C im Backofen

1 kg Rhabarber
150 g Zucker
230 g Mürbeteig
125 g Spekulatius
30 g Butter (in Flocken)
2 EL Rohrzucker
200 ml Crème double

Rhabarber schälen und in Stücke schneiden. Mit dem Zucker in einen Topf geben und bei großer Hitze zunächst 5 Minuten mit geschlossenem Deckel, dann ohne Deckel kochen.

Abkühlen lassen, mit einer Gabel zu Kompott quetschen, abseihen und abtropfen lassen.

Backofen auf 180 °C vorheizen.

Den Teig in eine mit Backpapier ausgelegte Tarteform legen und einige Male mit der Gabel einstechen. Die Spekulatius in großen Stücken auf den Tarteboden bröseln und das Kompott darüber geben und glatt streichen. Das Ganze mit den Butterflocken und dem Rohrzucker bestreuen.

Auf der mittleren Schiene des Backofens 35 Minuten backen. Die Tarte danach direkt aus der Form lösen und auf einer Kuchenplatte anrichten. Warm servieren und dazu Crème double reichen.

Flan pâtissier (Puddingtarte)

Für 8 Personen
ZUBEREITUNG: 30 Min.
BACKZEIT: 40 Min. bei 190 °C
RUHEZEIT TEIG: 20 bis 30 Min.

MÜRBETEIG
150 g Mehl
1/2 TL Salz
1 TL Zucker
75 g Butter
100 ml Wasser

FLAN-CREME
600 ml Milch
1 Vanilleschote
4 Eier
150 g Zucker
70 g Speisestärke

Mürbeteig zubereiten (s. S. 21) und 20 bis 30 Minuten ruhen lassen.

In einem großen Topf 500 Milliliter Milch mit der aufgeschnittenen Vanilleschote und dem ausgekratzten Mark aufkochen. Abkühlen lassen.

Die Eier und den Zucker aufschlagen, dann die Speisestärke und die Vanillemilch zugeben (Vanilleschote herausnehmen). Die Masse wieder in den Milchtopf schütten und unter Rühren einige Minuten andicken lassen.

Backofen auf 190 °C vorheizen.

Teig ausrollen und eine Kuchen- oder Springform damit auslegen. Die Flan-Creme mit der restlichen Milch verlängern und auf den Tarteboden geben. Etwa 40 Minuten backen. Tarte abkühlen lassen und dann aus der Form lösen.

[Pâte

[besonders sandiger
Mürbeteig]

sablée]

Dieser spezielle Mürbeteig zeichnet sich durch seine sandige Konsistenz aus und ist besonders für Mürbegebäck, Tortenböden und Törtchen geeignet. Dieser Teig ist ganz leicht herzustellen – folgen Sie bei der Zubereitung einfach Schritt für Schritt dem Rezept.

Tarte für 6 Personen
(26 cm Durchmesser)
1 Ei (55 g)
125 g Zucker
1/2 TL Salz
250 g Mehl
125 g Butter
geriebene Zitronenschale

Dieses Grundrezept ergibt 250 Gramm Teig. Diese Menge ist ausreichend für 30 bis 40 Plätzchen mit 8 Zentimeter Durchmesser oder etwa 15 Törtchen. Bei der Zubereitung einer größeren oder kleineren Menge die Zutaten stets im gleichen Verhältnis verwenden. Man benötigt jeweils einen Teil Zucker und Butter und 2 Teile Mehl. Sie können den Teig statt mit Zitronenschale auch mit Vanille oder Rum aromatisieren. In einigen der folgenden Rezepte weicht die Zubereitung leicht vom Grundrezept ab. In diesen Fällen sind die Mengenverhältnisse und Arbeitsschritte genau angegeben.

Zubereitung des Teiges
Das Ei aufschlagen und in eine Schüssel geben. Dann Zucker und Salz hinzufügen und die Masse mit dem Teigschaber schaumig rühren. Das Mehl sieben und auf einmal in die Schüssel geben. Das Ganze mit dem Schaber vermengen. Nun den Teig mit den Fingern zu „Sand" zerkrümeln – er darf nicht kompakt werden, sondern sollte eine bröckelige Konsistenz haben. Dann die Butter mit den Händen unter den Teig kneten, danach die Zitronenschale hinzugeben. Den Teig auf die Küchenarbeitsplatte legen – er darf nicht an den Fingern kleben –, zu einer Kugel formen und auf der bemehlten Arbeitsplatte ausrollen, in die gefettete Kuchenform bzw. auf ein Blech geben und anschließend 1 Stunde im Kühlschrank fest werden lassen, besonders bei hohen Außentemperaturen. Beim Ausstechen von Plätzchen möglichst wenig Teig verschwenden. Jedes Gebäckstück vorsichtig einzeln mit dem Teigschaber auf ein eingefettetes Blech legen. Die Plätzchen gehen beim Backen nicht auf.
Man kann diesen Mürbeteig auch ganz leicht mit der Küchenmaschine zubereiten: einfach alle Zutaten hineingeben und die Maschine arbeiten lassen.

Backen
Teig bei 200 °C 10 Minuten blindbacken. Plätzchen aus dem Ofen nehmen, wenn sie eine blassgelbe Farbe angenommen haben. Sofort vom Blech nehmen und auf einem Gitter abkühlen lassen, dabei nicht übereinander legen. Tortenboden in der Form abkühlen lassen, da er im warmen Zustand leicht zerbricht.

Aufbewahrung
Plätzchen kann man 15 Tage in einer luftdichten Dose aufbewahren. In Frischhaltefolie eingeschlagene Tortenböden halten sich im Kühlschrank 1 bis 2 Tage.
Der rohe Teig hält sich im untersten Kühlschrankfach bis zu 24 Stunden, im Tiefkühler 3 bis 4 Wochen.

Käsekuchen ▸

Für 8 bis 10 Personen
Zubereitung: 40 Min.
Blindbacken Tortenboden: 10 Min. bei 210 °C
Backzeit Kuchen: 15 Min. bei 220 °C + 45 Min. bei 170 °C
Ruhezeit Teig: 30 Min.
Ruhezeit Kuchen: 30 Min.

Mürbeteig
1 Ei (55 g)
100 g Zucker
1 Prise Salz
300 g Mehl
150 g Butter
etwas geriebene Zitronenschale (unbehandelt)

Belag
500 g Speisequark
1 EL Sahne
150 g Zucker
1 Päckchen Vanillezucker
1 EL Mehl
1 EL Speisestärke
geriebene Schale von 1 Zitrone (unbehandelt)
6 Eier

Teig zubereiten (s. S. 27) und 30 Minuten ruhen lassen.

Backofen auf 210 °C vorheizen. Den Teig 3 Millimeter dick ausrollen und Boden und Rand einer Springform mit 26 Zentimeter Durchmesser und etwa 4 Zentimeter hohem Rand damit auslegen. Den Boden einige Male mit der Gabel einstechen und 10 Minuten backen. Form aus dem Ofen nehmen und die Backofentemperatur auf 220 °C erhöhen.

Quark mit dem Handrührgerät glatt rühren. Sahne, Zucker, Vanillezucker, Mehl und Speisestärke zugeben, alles zu einer homogenen Masse verrühren und mit der geriebenen Zitronenschale aromatisieren.

Eier trennen und die Eigelbe in die Quarkmasse rühren. Die Eiweiße steif schlagen und unterheben. Creme auf den Mürbeteigboden streichen. Die Form sollte zu 3 Vierteln gefüllt sein.

15 Minuten bei 220 °C backen, dann die Temperatur auf 170 °C reduzieren und weitere 45 Minuten backen. Den Kuchen nach der Hälfte der Backzeit mit Backpapier abdecken, damit er nicht zu rasch bräunt, und nach dem Backen 30 Minuten in der Form ruhen lassen, dann den Rand der Springform lösen. Der Kuchen muss vollständig abgekühlt sein, bevor man ihn auf eine Kuchenplatte gleiten lässt. Kalt servieren.

Italienischer Mandelkuchen

Für 8 bis 10 Personen
Zubereitung: 30 Min.
Backzeit: 1 Std. bei 150 °C

Mürbeteig
2 Eigelbe
120 g Zucker
250 g Mehl
120 g Butter

Belag
200 g gemahlene Mandeln
200 g Zucker
etwas Butter für die Form
100 g Butter

Teig zubereiten (s. S. 27). 2 Zentimeter dick ausrollen, dann mit dem Messer in feine Streifen schneiden (etwa so breit wie Bandnudeln).

Gemahlene Mandeln und Zucker vermischen.

Backofen auf 150 °C vorheizen.

Eine Kuchenform mit 22 Zentimeter Durchmesser großzügig einfetten. Boden mit einigen Teigstreifen auslegen, dann eine Schicht Mandel-Zucker-Gemisch darüber geben und mit Butterflöckchen bestreuen. Vorgang so oft wie nötig wiederholen. Kuchen mit einer Schicht aus Teigstreifen abschließen.

Kuchen 1 Stunde backen, dann aus dem Ofen nehmen und abkühlen lassen.

Den Kuchen vor dem Anrichten mit einem stumpfen Messer in der Form schneiden.

Himbeertarte mit Streuseln

Für 6 Personen
Zubereitung: 35 Min.
Blindbacken Tortenboden: 10 Min. bei 210 °C
Backzeit Tarte: 30 bis 40 Min. bei 240 °C
Ruhezeit Teig: 1 Std.

Mürbeteig
1 Eigelb
60 g Zucker
125 g Mehl
60 g Butter
1 EL Milch

Belag
500 g Himbeeren
1 Eiweiß

Streusel
100 g Mehl
150 g Zucker
75 g Butter

Dazu
250 ml Sahne oder Crème double

Mürbeteig zubereiten (s. S. 27) und 1 Stunde ruhen lassen.

Backofen auf 210 °C vorheizen. Teig ausrollen und in eine Kuchen- oder Springform mit 24 Zentimeter Durchmesser geben und andrücken. Boden mit Eiweiß bestreichen, mit Backpapier bedecken und mit getrockneten Hülsenfrüchten beschweren, damit sich keine Luftblasen bilden. 10 Minuten blindbacken. Aus dem Backofen nehmen und Hülsenfrüchte und Backpapier entfernen. Backofentemperatur auf 240 °C erhöhen.

Himbeeren verlesen und auf dem Boden verteilen.

Für die Streusel Mehl und Zucker vermischen. Mit der klein geschnittenen Butter zu Streuseln verkrümeln und diese über die Himbeeren geben. 30 bis 40 Minuten im oberen Drittel des Backofens backen – dann werden die Streusel schön goldbraun.

Lauwarm oder kalt mit Sahne servieren.

Schokoladentarte ▸

Für 6 bis 8 Personen
Zubereitung: 40 Min.
Blindbacken Tortenboden: 10 Min. bei 210 °C
Backzeit Tarte: 30 Min. bei 180 °C
Ruhezeit Teig: 1 Std.

Mürbeteig mit Schokostreuseln
1 Ei
1 Prise Salz
125 g Zucker
250 g Mehl
125 g weiche Butter
50 g Schokostreusel
etwas Butter für die Form

Belag
400 g Bitterschokolade
400 ml Sahne
40 g Zucker
2 Eier

Garnierung (nach Wunsch)
Puderzucker
Liköreier

Für den Teig in einer Schüssel Ei, Salz und Zucker schaumig rühren. Das Mehl sieben und auf einmal zu der Masse geben. Mit dem Teigschaber unterziehen, dann den Teig mit den Fingern zu „Sand" zerkrümeln und nach und nach die Butter zufügen. Sobald ein homogener Teig entstanden ist, diesen kneten, die Schokoladenstreusel zugeben und gleichmäßig einarbeiten. Teig zu einer Kugel formen, in Frischhaltefolie einschlagen und 1 Stunde im Kühlschrank ruhen lassen. Am Ende der Ruhezeit den Backofen auf 210 °C vorheizen.

Teig ausrollen, in eine eingefettete Kuchenform mit 24 Zentimeter Durchmesser geben und andrücken. Boden einige Male mit einer Gabel einstechen, mit Backpapier bedecken und mit getrockneten Hülsenfrüchten beschweren. Auf der mittleren Backofenschiene 10 Minuten blindbacken. Danach die Backofentemperatur auf 180 °C reduzieren.

Für den Belag die Schokolade in Stücke brechen, in eine Schüssel geben und im Wasserbad (oder in der Mikrowelle) schmelzen. Sobald sie weich ist, Sahne und Zucker hinzufügen. Rühren, bis eine homogene Masse entstanden ist und sich der Zucker aufgelöst hat. Aus dem Wasserbad nehmen und die Eier zugeben. Weiter rühren. Backpapier und Hülsenfrüchte vom Tortenboden entfernen, die Schokoladencreme darauf geben und glatt streichen.

Tarte weitere 30 Minuten backen und abkühlen lassen, dann aus der Form lösen und anrichten. Nach Wunsch mithilfe einer Schablone mit Puderzucker verzieren und mit Liköreiern garnieren.

[Blätterteig]

Blätterteig dient als Basis für Desserts wie Blätterteigschnecken und -schnitten, Tartes, Schweinsohren und Mille-feuilles. Bei seiner Zubereitung werden hauchdünne Fettschichten zwischen dem Grundteig eingeschlossen. Dieses Fett sorgt dafür, dass der Teig beim Backen „blättert".

Die Herstellung von Blätterteig ist nicht ganz einfach, sie erfordert große Sorgfalt und eine gewisse Übung im Umgang mit dem Nudelholz. Damit er gelingt, sollten Sie die Arbeitsschritte des Grundrezeptes unbedingt genau befolgen, damit gleichmäßige Teigschichten entstehen. Arbeiten Sie nicht in zu warmer Umgebung. Wenn Sie den Teig am Vortag zubereiten, sollten Sie die letzten beiden Touren (das Übereinanderschlagen des Teiges) erst am Tag der Verwendung vornehmen.

Kuchen oder Tarte für 6 Personen
(26 cm Durchmesser)
200 g Mehl (Type 550)
1 TL Salz
etwa 100 ml Wasser
etwa 150 g Butter oder Margarine (die Buttermenge entspricht der Hälfte des Gewichts des Grundteiges, d. h. der Mehl-Wasser-Mischung)

Diese Zutaten ergeben 250 Gramm Blätterteig. Bei der Zubereitung einer größeren oder kleineren Menge die Zutaten stets im gleichen Verhältnis verwenden.

Zubereitung des Teiges
Mehl in eine Schüssel geben und eine Mulde in die Mitte drücken. Salz und Wasser hineingeben und das Ganze zunächst mit einem Holzlöffel und dann mit den Händen rasch zu einem glatten Teig verarbeiten. Eine Kugel formen und diese wiegen, um zu ermitteln, wie viel Fett Sie benötigen. Den Teig 10 bis 15 Minuten in einer mit einem Küchenhandtuch abgedeckten Schüssel ruhen lassen.

Den Teig auf der bemehlten Arbeitsfläche zu einem Rechteck ausrollen, das in der Mitte etwas dicker ist.

Die Butter mit einem Spatel bearbeiten, bis sie die gleiche Konsistenz wie der Grundteig hat. Mitten auf die Teigplatte legen, die Ränder über den Butterblock klappen und verkleben. Auf 1 Zentimeter Dicke ausrollen. Das entstehende Rechteck sollte dreimal so lang wie breit sein. Stets gleichmäßigen Druck auf das Nudelholz ausüben. Die Butter darf nicht aus dem Teig austreten. Das Rechteck in 3 Lagen zusammenschlagen. Klappen Sie dazu das obere Drittel zu sich hin, darüber das untere Drittel von sich weg nach oben.

Nun das Rechteck um 90 ° drehen, sodass die Öffnung nach rechts zeigt. Diesen Vorgang nennt man „Tournieren". Nun direkt die zweite Tour anschließen: Das Rechteck ausrollen, in 3 Lagen zusammenschlagen und um 90 ° nach rechts drehen. Teig dann 20 Minuten ruhen lassen. Der klassische Blätterteig wird 6-mal tourniert, und zwar in 3 Arbeitsschritten à 2 Touren. Den Teig jeweils nach 2 Touren ruhen lassen.

Backen
Blätterteig wird bei großer Hitze gebacken (240 °C). Die Backzeit variiert nach Rezept.

Aufbewahrung
Abgebackenen Blätterteig kann man nur einige Tage im Kühlschrank aufbewahren, aber er lässt sich sowohl roh als auch gebacken sehr gut einfrieren.

Aprikosendreispitze

Für 4 Personen
ZUBEREITUNG: 30 Min.
BACKZEIT: 15 bis 20 Min. bei 200 °C
RUHEZEIT: 20 Min.

400 g Blätterteig
6 reife, saftige Aprikosen
12 abgezogene Mandeln
10 EL Zucker
1 große Prise Zimt
1 Eigelb
Puderzucker zum Bestäuben

Den Blätterteig mit einem Messer in 4 gleich große Stücke schneiden und diese zu Kreisen von 4 Millimeter Dicke ausrollen.

Mit dem Nudelholz ein Drittel jeden Kreises flach drücken und daraus eine Spitze formen. Kreise um ein Drittel drehen, je eine weitere Spitze formen, dann noch einmal drehen und die letzte Spitze formen. Die 4 Dreispitze 20 Minuten im Kühlschrank fest werden lassen.

Backofen auf 200 °C vorheizen.

Aprikosen waschen, abtrocknen, der Länge nach halbieren und die Kerne entfernen. In jede Hälfte eine Mandel legen.

Zucker mit dem Zimt vermischen.

Dreispitze aus dem Kühlschrank nehmen und mit je 1 EL Zimtzucker bestreuen. Mit jeweils 3 Aprikosenhälften belegen (Schnittfläche nach unten) und je 2 EL Zimtzucker darüber streuen. Den Teig mit Eigelb bepinseln und die Dreispitze auf ein mit kaltem Wasser abgespültes Backblech legen.

Nun die Spitzen so nach innen umklappen, dass die Teigtaschen halb geöffnet und die Aprikosen noch zu sehen sind. 15 bis 20 Minuten goldgelb backen. Aus dem Backofen nehmen, mit Puderzucker bestäuben und warm servieren.

Apfeltaschen mit Nüssen ▸

Für 6 bis 8 Personen
(12 Gebäcktaschen)
ZUBEREITUNG: 20 Min.
BACKZEIT: 20 bis 25 Min. bei 200 °C
RUHEZEIT: 10 Min.

500 g Blätterteig
3 Äpfel
50 g Butter
50 g Zucker
1 Päckchen Vanillezucker
50 g geschälte, gehackte Haselnüsse
1 Eigelb

Äpfel schälen, Kerngehäuse entfernen und die Früchte in feine Spalten schneiden. 5 bis 10 Minuten bei mittlerer Hitze mit der Butter in der Pfanne dünsten, bis die Äpfel weich sind. Auf einen Teller geben und mit der Gabel zerdrücken. Dabei Zucker, Vanillezucker und Haselnüsse untermengen.

Backofen auf 220 °C vorheizen.

Teig 3 bis 4 Millimeter dick ausrollen und mit einem Messer 12 Ovale ausschneiden. Apfelmasse auf die Teigstücke verteilen. Dabei immer nur eine Hälfte belegen und einen Rand von 2 Zentimeter lassen.

Teigränder mit etwas Wasser befeuchten, dann die Teigtaschen zuklappen und an den Rändern zusammendrücken. Auf ein leicht angefeuchtetes Backblech legen und 10 Minuten ruhen lassen. Eigelb mit etwas Wasser verquirlen und die Gebäckstücke damit bestreichen. Backofentemperatur auf 200 °C reduzieren. Apfeltaschen auf der mittleren Backofenschiene 20 bis 25 Minuten goldgelb backen. Warm oder kalt servieren.

Blätterteigkuchen mit Mandelfüllung

Für 6 bis 8 Personen
ZUBEREITUNG: 20 Min.
BACKZEIT: 30 Min. bei 210 °C

800 g Blätterteig
1 Ei
100 g Zucker
100 g fein gemahlene Mandeln
25 g zerlassene Butter
1 EL Rum
1 Eigelb zum Bestreichen

Für die Mandelcreme Ei, Zucker und gemahlene Mandeln verrühren. Butter zufügen und die Masse mit Rum aromatisieren. Blätterteig flach drücken und in 2 gleich große Stücke teilen. Zu beiden Stücke zu runden Scheiben ausrollen (26 und 28 Zentimeter Durchmesser).

Backofen auf 210 °C vorheizen, vorher das Backblech herausnehmen.

Backblech leicht anfeuchten und die kleinere Scheibe darauf legen, ohne dass sie sich verformt. Mandelcreme darauf verteilen und dabei 2 Zentimeter Rand lassen. Den Rand mit Eigelb einpinseln. Die größere Scheibe darauf legen und die Ränder fest andrücken. Den Kuchen mit Eigelb einpinseln. Mit einem spitzen Messer nach Belieben geometrische Motive in den Kuchen ritzen (1 Millimeter tief). Den Rand ebenfalls mit der Messerspitze verzieren. Im unteren Drittel des Backofens 30 Minuten backen.

Kuchen auf eine Servierplatte heben und warm servieren.

Apfelgewürzkuchen

Für 6 Personen
Zubereitung: 30 Min.
Backzeit: 20 bis 25 Min. bei 240 °C

300 g Blätterteig
1 Ei
1 kg feste, säuerliche Äpfel (Boskop, Renette)
60 g leicht gesalzene Butter
80 g brauner Zucker
1/2 TL Zimt
1 Prise geriebene Muskatnuss
2 Umdrehungen Pfeffer aus der Mühle

Eine Tarteform (26 Zentimeter Durchmesser) mit dem Blätterteig auslegen. Das Ei trennen und den Teigboden mit dem Eiweiß bestreichen. Ränder andrücken und mit Eigelb bepinseln.

Äpfel schälen, vierteln und das Kerngehäuse entfernen. Besonders große Äpfel in Achtel schneiden.

Backofen auf 240 °C vorheizen.

Butter in einer großen Pfanne zerlassen. Sobald sie braun wird, die Äpfel zufügen. Auf jeder Seite 5 Minuten bräunen lassen. Dabei die Äpfel nicht zu Kompott verkochen. Vom Herd nehmen und vollständig abkühlen lassen.

Zucker, Zimt, Muskat und Pfeffer mischen.

Die gebräunten Äpfel rosettenförmig auf dem Teig anordnen. Kuchen 15 Minuten backen, dann aus dem Ofen nehmen und mit der Zucker-Gewürz-Mischung bestreuen. Weitere 10 bis 15 Minuten backen. Die Tarte mithilfe einer Palette aus der Form nehmen und warm servieren.

Savoyardische Birnentaschen

Für 6 Personen
(6 Taschen)
Zubereitung: 30 Min.
Ausbackzeit: 40 Min.
(3 Frittiergänge mit je 2 Taschen)

600 g Blätterteig
3 Birnen
150 g Zucker
1 kleines Stück Zimtstange
Frittieröl
Puderzucker

Birnen vierteln, schälen und die Kerngehäuse entfernen. In einem Topf die Birnenviertel, den Zucker und den Zimt vermengen. Unter gelegentlichem Umrühren bei kleiner Hitze kochen, bis die Birnen weich, aber nicht zu Kompott verkocht sind. Vom Herd nehmen, Zimt herausnehmen und abkühlen lassen. Blätterteig 3 Millimeter dick ausrollen. Mithilfe einer Ausstechform oder einer Schüssel 6 runde Teigstücke (so groß wie möglich) ausstechen. Die Birnen gleichmäßig darauf verteilen. Dabei jeweils nur eine Hälfte der Teigstücke bedecken und mindestens 1 Zentimeter Rand lassen. Ränder mit Wasser einpinseln, Teigtaschen zusammenklappen und am Rand fest andrücken.

Das Frittieröl erhitzen; es muss kochen, darf aber nicht qualmen. Jeweils 2 Taschen auf einmal hineingeben und zunächst so lange auf der einen Seite frittieren, bis sie an die Oberfläche steigen, dann mit einem Schaumlöffel umdrehen und auf der anderen Seite goldbraun backen. Aus dem Öl nehmen und auf Küchenkrepp abtropfen lassen. Mit Puderzucker bestäuben und sofort servieren.

Mille-feuille

Für 6 Personen
Zubereitung: 1 Std.
Kochzeit Creme: 10 Min.
Backzeit Teig: 15 Min. bei 220 °C
Ruhezeit: 1 Std.

600 g Blätterteig
500 ml Milch
1 Vanilleschote
4 Eigelbe
100 g Zucker
40 g Mehl
40 g Speisestärke
20 g Butter
100 ml Sahne
50 ml brauner Rum
6 EL Puderzucker

Für die Konditorcreme die Milch und die der Länge nach halbierte Vanilleschote sowie das ausgekratzte Vanillemark in einen Topf geben und bei großer Hitze erwärmen. Sobald die Flüssigkeit zu sieden beginnt, vom Herd nehmen und ziehen lassen. In einer Schüssel Eigelbe und Zucker aufschlagen, bis die Masse hellgelb wird. Mehl und Speisestärke sieben und unterrühren. Vanilleschote aus der Milch nehmen und die Flüssigkeit nach und nach unter Rühren zu der Eiermasse geben. Dann die Creme in den Topf zurückgießen und bei kleiner Hitze andicken lassen. Dabei immer weiter rühren. Butter zugeben und das Ganze in eine Schüssel geben. Mit Frischhaltefolie abdecken und in den Kühlschrank stellen.

Blätterteig in 3 gleich große Stücke teilen. Jeweils 2 Millimeter dick ausrollen, sodass Quadrate entstehen. Mit dem Messer die Quadrate zunächst waagerecht in 2 gleich große Teile zerschneiden, diese dann senkrecht in jeweils 3 gleich große Rechtecke teilen. Mehrmals mit der Gabel in die Rechtecke stechen, dann 1 Stunde ruhen lassen.

Backofen auf 220 °C vorheizen.

Vorher das Backblech herausnehmen. Dieses befeuchten und die 3 Teigstücke darauf legen. 10 Minuten auf mittlerer Höhe backen, dann die Teigstücke wenden und noch einmal 5 Minuten backen. Auf einem Gitter abkühlen lassen, dann entlang den vorgezeichneten Linien in kleine Rechtecke schneiden.

Sahne steif schlagen.

Kalte Konditorcreme ebenfalls locker aufschlagen. Rum zugeben, dann die Sahne unterziehen.

6 besonders stabile Blätterteigrechtecke aussuchen (als Boden für die Mille-feuilles), die schönsten für die oberste Lage des Desserts aufbewahren. Auf die 6 Bodenstücke eine Schicht Konditorcreme streichen. Mit den 6 Stücken für die mittlere Lage ebenso verfahren. Nun jeweils 2 bestrichene Rechtecke übereinander schichten, dann mit den verbliebenen Rechtecken abdecken. Leicht andrücken und überschüssige Creme an den Seiten mit einem Schaber abstreichen. Großzügig mit Puderzucker bestreuen und bis zum Servieren kalt stellen.

[Ausbackteig]

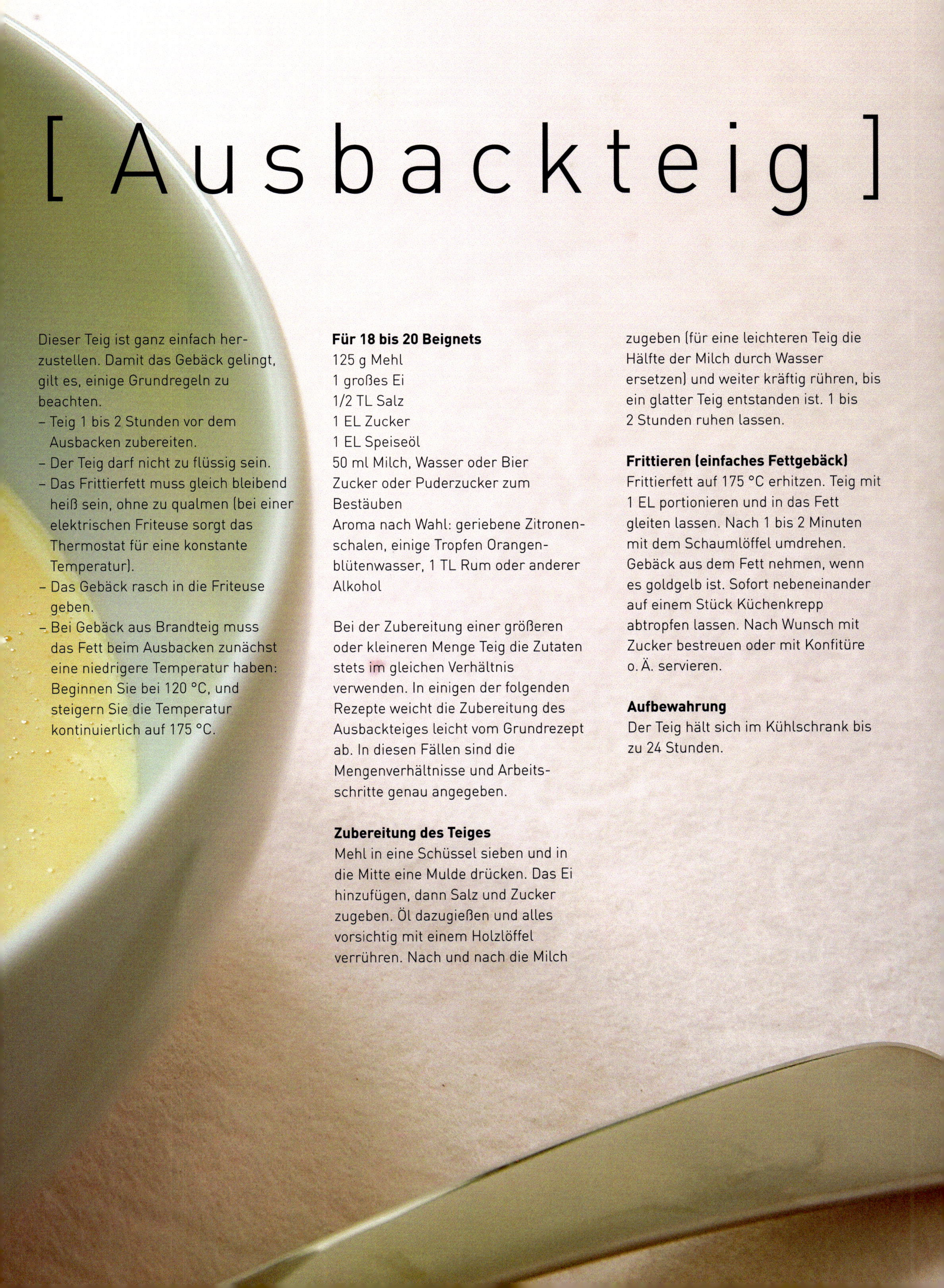

Dieser Teig ist ganz einfach herzustellen. Damit das Gebäck gelingt, gilt es, einige Grundregeln zu beachten.

- Teig 1 bis 2 Stunden vor dem Ausbacken zubereiten.
- Der Teig darf nicht zu flüssig sein.
- Das Frittierfett muss gleich bleibend heiß sein, ohne zu qualmen (bei einer elektrischen Friteuse sorgt das Thermostat für eine konstante Temperatur).
- Das Gebäck rasch in die Friteuse geben.
- Bei Gebäck aus Brandteig muss das Fett beim Ausbacken zunächst eine niedrigere Temperatur haben: Beginnen Sie bei 120 °C, und steigern Sie die Temperatur kontinuierlich auf 175 °C.

Für 18 bis 20 Beignets
125 g Mehl
1 großes Ei
1/2 TL Salz
1 EL Zucker
1 EL Speiseöl
50 ml Milch, Wasser oder Bier
Zucker oder Puderzucker zum Bestäuben
Aroma nach Wahl: geriebene Zitronenschalen, einige Tropfen Orangenblütenwasser, 1 TL Rum oder anderer Alkohol

Bei der Zubereitung einer größeren oder kleineren Menge Teig die Zutaten stets im gleichen Verhältnis verwenden. In einigen der folgenden Rezepte weicht die Zubereitung des Ausbackteiges leicht vom Grundrezept ab. In diesen Fällen sind die Mengenverhältnisse und Arbeitsschritte genau angegeben.

Zubereitung des Teiges
Mehl in eine Schüssel sieben und in die Mitte eine Mulde drücken. Das Ei hinzufügen, dann Salz und Zucker zugeben. Öl dazugießen und alles vorsichtig mit einem Holzlöffel verrühren. Nach und nach die Milch zugeben (für eine leichteren Teig die Hälfte der Milch durch Wasser ersetzen) und weiter kräftig rühren, bis ein glatter Teig entstanden ist. 1 bis 2 Stunden ruhen lassen.

Frittieren (einfaches Fettgebäck)
Frittierfett auf 175 °C erhitzen. Teig mit 1 EL portionieren und in das Fett gleiten lassen. Nach 1 bis 2 Minuten mit dem Schaumlöffel umdrehen. Gebäck aus dem Fett nehmen, wenn es goldgelb ist. Sofort nebeneinander auf einem Stück Küchenkrepp abtropfen lassen. Nach Wunsch mit Zucker bestreuen oder mit Konfitüre o. Ä. servieren.

Aufbewahrung
Der Teig hält sich im Kühlschrank bis zu 24 Stunden.

Melonenbeignets

Für 4 Personen
(12 bis 16 Beignets)
ZUBEREITUNG: 30 Min.
KOCH- UND AUSBACKZEIT: Creme 4 Min. + 3 Min. pro Frittiergang
RUHEZEIT: 1 Std.

1 aromatische Melone (reif, aber fest)
Mehl
neutrales Frittieröl
Zucker

ENGLISCHE CREME MIT STERNANIS
500 ml Milch
1 Sternanis
6 Eigelbe
100 g Zucker

BEIGNETTEIG
120 g Mehl
1 Ei
3 Eiweiße
30 g Zucker
100 ml helles Bier
1 EL Anisschnaps

Englische Creme zubereiten (s. S. 81), dabei die Vanilleschote durch den Sternanis ersetzen.

Beignetteig zubereiten (s. S. 41), dabei zusätzlich 3 Eiweiße zufügen. Mit Anisschnaps aromatisieren, gut verrühren und 1 Stunde ruhen lassen.

Melone der Länge nach halbieren und Kerne entfernen, dann in 12 bis 16 dicke Spalten schneiden und diese von der Schale lösen. Die Melonenspalten mit Küchenkrepp abtupfen, dann mit etwas Mehl bestäuben, damit der Teig besser an der Frucht haftet. Melonenspalten in den Teig tauchen.

Frittieröl erhitzen: Es muss kochen, darf aber nicht qualmen. Die in Teig getauchten Melonen hineingeben und 3 Minuten frittieren (dabei nach 1 1/2 Minuten wenden), bis sie goldbraun sind. Nacheinander auf einem Stück Küchenkrepp abtropfen lassen und großzügig mit Zucker bestreuen.

Warm mit der Englischen Creme mit Sternanis servieren.

Chiquenaudes („Schnipselgebäck") ▸

Für 8 Personen
ZUBEREITUNG: 20 Min.
AUSBACKZEIT: 20 bis 30 Min.

400 g Mehl
100 g Zucker
2 EL Wasser
100 g zerlassene Butter
4 Eier
1 EL Orangenblütenwasser
Frittieröl

BUNTER ZUCKER
grober Zucker
rote Lebensmittelfarbe

Mehl auf die Arbeitsplatte schütten, in die Mitte eine Mulde drücken und Zucker, Wasser, Butter, Eier und zum Schluss das Orangenblütenwasser hinzugeben. Zutaten zunächst mit den Fingerspitzen verkneten, dann mit den Händen, bis sich kleine Blasen an der Teigoberfläche bilden.

Teig 3 Millimeter dick ausrollen.

Mit dem Messer geometrische Formen ausschneiden (Kreise, Quadrate, Rauten) oder den Teig mit der Hand in „Schnipsel" zerpflücken.

Frittieröl erhitzen: Es muss kochen, darf aber nicht qualmen.

Die Gebäckstücke in mehreren Frittiergängen ausbacken. Dabei mit dem Schaumlöffel wenden, damit sie von allen Seiten knusprig und braun werden. Wenn sie fertig sind, aus dem Fett nehmen und auf einem Stück Küchenkrepp abtropfen lassen.

Den groben Zucker und einige Tropfen Lebensmittelfarbe in einen Behälter mit Deckel (z. B. Schraubglas) geben und so lange schütteln, bis der Zucker die Farbe angenommen hat.

Das Gebäck auf einer Platte anrichten und mit dem bunten Zucker bestreuen.

Sofort verzehren oder ein wenig abkühlen lassen.

Apfelbeignets

Für 6 Personen
(12 Beignets)
Zubereitung: 20 Min.
Ausbackzeit: 3 bis 4 Min. pro Frittiergang
Ruhezeit: 2 Std.

Füllung
3 Äpfel
1 EL Zucker
2 TL Kognak, Rum oder Orangenblütenwasser

Beignetteig
125 g Mehl
1/2 TL Salz
1 großes Ei
1 EL Öl
1 EL Zucker
Aroma nach Wahl: Zitronenschale, einige Tropfen Orangenblütenwasser oder 1 TL Alkohol (Rum, Kognak o. Ä.)
50 ml Wasser, Milch oder Bier
Frittieröl

Zum Bestreuen
100 g Zucker

Für die Füllung die Äpfel schälen, das Kerngehäuse entfernen und die Früchte in Scheiben schneiden. Apfelscheiben mit dem Zucker und dem gewünschten Aroma in einem tiefen Teller ziehen lassen.

Für den Teig das Mehl sieben und eine Mulde in die Mitte drücken. Salz, Zucker, das Ei, Öl und das gewünschte Aroma hinzugeben. Nun mit einem Holzlöffel verrühren: dabei in der Mitte beginnen und das Mehl von innen nach außen in den Teig arbeiten. Nach und nach die Flüssigkeit hinzufügen und kräftig rühren, bis ein glatter, homogener, eher fester Teig entstanden ist. 2 Stunden ruhen lassen.

Frittieröl erhitzen. Einen mit Küchenkrepp bedeckten Teller und einen Schaumlöffel bereitlegen. Teigkonsistenz prüfen: Der Teig muss sich um den Löffel legen. 3 bis 4 Apfelscheiben in den Teig tauchen. Darauf achten, dass die Apfelscheiben vollständig und gleichmäßig bedeckt sind. Mit 2 Gabeln aus dem Teig nehmen, abtropfen lassen und vorsichtig in das Frittieröl gleiten lassen. Nach 1 bis 2 Minuten mit dem Schaumlöffel wenden.

Wenn die Beignets goldbraun sind, aus dem Öl nehmen, abtropfen lassen und auf den Küchenkrepp legen. Mit Zucker bestreuen und direkt servieren.

Churros (spanisches Spritzgebäck)

Für 4 bis 5 Personen
(etwa 15 Churros)
Zubereitung: 10 Min.
Ausbackzeit: 5 bis 8 Min.
pro Portion (5 bis 6 Churros)

1 große Tasse (à 250 ml) Mehl
1 große Tasse (à 250 ml) Wasser
1/2 TL Salz
Frittierfett
Zucker

Mehl in eine Schüssel sieben und in die Mitte eine Mulde drücken. Wasser in einen Topf geben, Salz hinzufügen und zum Kochen bringen. Sobald die ersten großen Blasen aufsteigen, das Wasser rasch in die Mulde schütten und heftig mit einem Holzlöffel rühren, bis ein dicker, homogener Teig entstanden ist. Abkühlen lassen.

Diesen festen Teig in einen Spritzbeutel mit gezackter Tülle (1 Zentimeter Durchmesser) geben.

Frittieröl auf 150 °C erhitzen.

Spritzbeutel mit der Öffnung nach unten über das Fett halten und Streifen von etwa 15 Zentimeter Länge direkt in das heiße Fett spritzen (mit einem scharfen Messer abschneiden). Portionen von 5 bis 6 Churros gleichzeitig ausbacken. Mit dem Schaumlöffel wenden, damit sie von allen Seiten gut gebräunt werden. Auf mehreren Schichten Küchenkrepp abtropfen lassen.

Mit Zucker bestreuen und heiß servieren.

Berliner

Für 6 Personen
(etwa 18 Stück)
Ausbackzeit: etwa 30 Min. pro Portion (4 bis 5 Stück)
Zubereitung: 30 Min.
Ruhezeit: 3 1/2 Std.

125 ml Milch
1/2 Würfel frische Hefe
400 g Mehl
1/2 TL Salz
50 g Zucker
2 aufgeschlagene Eier
2 TL Zitronenaroma
Frittieröl
Aprikosenkonfitüre (nach Wunsch)
Puderzucker

Milch bei geringer Hitze leicht erwärmen. Die Hefe darin auflösen.

In einer Schüssel Mehl und Salz mischen und in die Mitte eine Mulde drücken. Dort die Milch-Hefe-Mischung, den Zucker, die Eier und das Zitronenaroma hineingeben. Den Teig zu einer glatten, homogenen Masse verrühren, dann kneten.

Schüssel mit einem Küchenhandtuch abdecken. Den Teig an einem geschützten Ort bei Zimmertemperatur mindestens 3 Stunden gehen lassen, bis sich sein Volumen verdoppelt hat. Dann in etwa 50 Gramm schwere Teigballen aufteilen. Diese wiederum mit einem Küchenhandtuch abdecken und weitere 30 Minuten gehen lassen.

Frittieröl erhitzen: Es muss kochen, darf aber nicht qualmen. Wenn das Öl die richtige Temperatur erreicht hat, je 4 bis 5 Ballen hineingeben. Aufgehen lassen und aus dem Öl nehmen, wenn sie goldbraun sind. Auf Küchenkrepp abtropfen lassen. Die restlichen Teigballen portionsweise ausbacken. Nach Wunsch aufschneiden und mit Konfitüre bestreichen oder mit einem Spritzbeutel mit feiner Lochtülle die Konfitüre hineinspritzen. Gebäck mit Puderzucker bestäuben und in einer Pyramide auf einem Teller anrichten. Sofort verzehren.

[Brandteig]

Brandteig dient als Basis für allerlei Arten von Spritzgebäck – Windbeutel, Eclairs, Liebesknochen usw. Brandteig geht sehr stark auf, das liegt an dem Wasser und den Eiern, die unter heftigem Rühren in den Teig eingearbeitet werden. Damit der Teig gelingt, sollte man das Mehl vorher sieben und die Mengenverhältnisse der Zutaten genau beachten. Im Handel sind übrigens auch fertige Windbeutel erhältlich, die nur noch gefüllt werden müssen.

Für 18 Windbeutel von mittlerer Größe
(1 EL Teig pro Gebäckstück)
150 g Mehl
250 ml Wasser
75 g Butter
1/2 TL Salz
1 EL Zucker
4 mittelgroße Eier

Bei der Zubereitung einer größeren oder kleineren Menge Teig die Zutaten stets im gleichen Verhältnis verwenden. In einigen der folgenden Rezepte weicht die Zubereitung des Brandteiges leicht vom Grundrezept ab. In diesen Fällen sind die Mengenverhältnisse und Arbeitsschritte genau angegeben.

Zubereitung des Teiges
Mehl sieben. Wasser, in Stücke geschnittene Butter, Salz und Zucker in einen Topf geben und zum Kochen bringen. Sobald die Flüssigkeit kocht, den Herd abschalten. Das gesiebte Mehl auf einmal in die Flüssigkeit schütten und mit einem Holzlöffel kräftig rühren. Das Mehl nimmt die Flüssigkeit auf, und es bildet sich ein Teigkloß, der sich vom Topfboden löst. Sollte das nicht der Fall sein, Teig bei kleiner Hitze auf dem Herd weiterrühren, bis er trocken genug ist, um sich vom Topfboden zu lösen. Topf vom Herd nehmen, die Eier einzeln aufschlagen und nacheinander unter den Teig rühren – dabei jedes Ei einzeln gut mit dem Teig mischen, bevor das nächste Ei hinzugegeben wird. Der Teig sollte nun eine feste, geschmeidige Konsistenz haben. Ist er zu trocken, ein weiteres halbes Ei unterrühren. Ist er noch immer zu trocken, die andere Hälfte hinzufügen. Teig mithilfe von 2 Löffeln in kleinen Häufchen auf ein leicht gebuttertes Blech setzen. Beginnen Sie oben, und arbeiten Sie auf sich zu. Genügend Abstand zwischen den Gebäckstücken lassen. Man kann den Teig auch mit einer Spritztülle mit Stern- oder Lochtülle in Kreisen oder Streifen auf das Blech spritzen.

Backen
Brandteig wird bei hoher Temperatur (220 °C) 15 bis 20 Minuten gebacken. Blech auf der mittleren Backofenschiene platzieren. Nach dem Backen hat das Gebäck eine goldgelbe Farbe und ist stark aufgegangen. Backofen während der Backzeit nicht öffnen, sonst fällt das Gebäck zusammen.

Aufbewahrung
Brandteig hält sich ungebacken 24 Stunden im Kühlschrank. Er kann auch eingefroren werden, muss jedoch vor der Verwendung 12 Stunden im Kühlschrank langsam auftauen.

Schokoladeneclairs ▸

Für 6 bis 8 Personen
Zubereitung: 50 Min.
Backzeit: 20 Min. bei 200 °C

Brandteig
150 g Mehl
250 ml Wasser
75 g Butter
1 Prise Salz
1 EL Zucker
4 Eier
etwas Butter für die Form

Konditorcreme
60 g Schokolade
500 ml Milch
2 Eier
1 Eigelb
60 g Zucker
60 g Mehl

Glasur
50 g Puderzucker
3 EL Wasser
150 g Schokolade
30 g Butter

Brandteig zubereiten (s. S. 47). Backofen auf 200 °C vorheizen, vorher das Blech herausnehmen und einfetten.

Teig in einen Spritzbeutel mit einer Tülle von 1 Zentimeter Durchmesser füllen und in gleichmäßigen, 10 Zentimeter langen Streifen auf das Blech setzen. 20 Minuten backen, dann auf einem Gitter abkühlen lassen.

Für die Konditorcreme die Schokolade in der Milch zum Schmelzen bringen. Eier, Zucker und Mehl in einer Schüssel verrühren. Die Masse in die Schokoladenmilch geben und unter Rühren erhitzen. Sobald die Creme kocht, vom Herd nehmen und abkühlen lassen.

Eclairs an einer Seite der Länge nach mit einer Schere aufschneiden und mit der Schokoladencreme füllen.

Für die Glasur den Puderzucker mit einem kleinen Löffel Wasser verrühren, die Mischung sollte dick und kaum flüssig sein. Die Schokolade im Wasserbad mit 2 EL Wasser und der Butter schmelzen. Sobald eine homogene Masse entstanden ist, die geschmolzene Schokolade auf den Zucker geben und gut verrühren. Zum Glasieren die Eclairs senkrecht über den Behälter mit der Glasur halten. Mithilfe eines Löffels eine Glasurschicht auf das Gebäck laufen lassen. Vor dem Servieren auf einem Gitter fest werden lassen.

Paris-Brest

Für 6 bis 8 Personen
Zubereitung: 35 Min.
Backzeit: 45 Min. bei 200 °C

Brandteig
125 g Mehl
200 ml Wasser
60 g Butter
Salz
1 TL Zucker
3 mittelgroße Eier

Baisermasse
4 Eiweiße
200 g Zucker

Krokantcreme
180 g Butter
3 Eigelbe
200 g Krokantpulver

Garnierung
25 g Puderzucker

Brandteig zubereiten (s. S. 47) und in einen Spritzbeutel mit Sterntülle (1,6 Zentimeter Durchmesser) füllen. In Wellenlinien einen Kranz mit 22 Zentimeter Durchmesser auf das nur leicht eingefettete Backblech spritzen.

Im auf 200 °C vorgeheizten Backofen 45 Minuten backen, bis der Kranz goldgelb, trocken und luftig ist. Aus dem Ofen nehmen und auf dem Kuchengitter abkühlen lassen, dann waagerecht in 2 Hälften schneiden.

Für die Baisermasse die Eiweiße mit dem Zucker im Wasserbad zu einer festen, glänzenden Masse schlagen. Abkühlen lassen.

Für die Krokantcreme die Butter mit einem Spatel cremig rühren. Eigelbe und Krokantpulver zugeben. Das Ganze gut verrühren, dann vorsichtig die Baisermasse unterheben. Kalt stellen.

Creme mit einem Spritzbeutel mit Sterntülle (1/2 Zentimeter Durchmesser) auf die untere Kranzhälfte auftragen. Die obere Hälfte darauf setzen und Kranz vor dem Servieren mit Puderzucker bestäuben.

Cremetorte Saint-Honoré

Für 8 bis 10 Personen
Zubereitung: 1 1/2 Std.
Backzeit Windbeutel: 25 bis 30 Min. bei 200 °C
Backzeit Boden: 40 bis 45 Min. bei 200 °C
Ruhezeit Mürbeteig: 20 Min.

Mürbeteig (für den Boden)
150 g Mehl
75 g Butter
1 Eigelb
25 ml Wasser
1/2 TL Salz

Brandteig
125 g Mehl
200 ml Wasser
60 g Butter
1/2 TL Salz
1 Stück Würfelzucker
3 Eier

Karamell
150 g Würfelzucker
1/2 TL Essig

Crème Saint-Honoré
2 Blätter Gelatine
250 ml Milch
1 Vanilleschote
3 Eigelbe
1 EL Rum (nach Wunsch)
100 g Zucker
20 g Mehl
5 Eiweiße

Mürbeteig für den Boden zubereiten (s. S. 21) und 20 Minuten ruhen lassen. Währenddessen den Brandteig zubereiten (s. S. 47).

Mürbeteig 4 bis 5 Millimeter dick ausrollen und vorsichtig auf das nur leicht gefettete Backblech legen. Nun einen Kreis mit etwa 25 Zentimeter Durchmesser ausschneiden und den überschüssigen Teig entfernen. Boden einige Male mit der Gabel einstechen, um Blasenbildung beim Backen zu vermeiden.

Brandteig in einen Spritzbeutel mit Lochtülle (1,2 Zentimeter Durchmesser) füllen und spiralförmig auf den Tortenboden spritzen, dabei am Rand beginnen. Aus dem restlichen Teig etwa 20 walnussgroße Windbeutel mit auf das Blech setzen.

Alles bei 200 °C in den Backofen schieben. Nach 25 bis 30 Minuten die Windbeutel herausnehmen und den Tortensockel weitere 15 Minuten backen, bis er eine hellgelbe Färbung hat.

In einer kleinen Pfanne aus dem mit Wasser getränkten Würfelzucker einen hellen Karamell zubereiten (s. S. 15). Den Essig zugeben, damit der Karamell langsamer hart wird (erleichtert das Montieren der Windbeutel). Die Windbeutel kopfüber möglichst weit in den Karamell tauchen und nacheinander auf den Tortensockel kleben. Dabei sollten sie sich berühren und mit der Karamellseite nach außen weisen.

Für die Crème Saint-Honoré die Gelatineblätter 15 Minuten in einer Schüssel mit kaltem Wasser einweichen. Milch mit der längs halbierten Vanilleschote und dem ausgekratzten Mark erwärmen. Eigelbe, Zucker und Mehl vermengen. Vanillemilch dazugeben, zuvor die Vanilleschote herausnehmen. Die Creme bei geringer Hitze unter ständigem Rühren erhitzen. Sobald sie aufkocht, vom Herd nehmen und die Gelatine einrühren, nach Wunsch Rum zugeben. Eiweiß steif schlagen. Die noch warme Creme auf den Eischnee geben, sie dabei die ganze Zeit mit dem Schneebesen unterheben, bis eine sehr lockere Creme entstanden ist. Abkühlen lassen. Creme mithilfe zweier Löffel im Inneren des Windbeutelkranzes verteilen: Dank der Gelatine lässt sich die erkaltete Creme in Nocken abstechen, die der Füllung eine dekorative Struktur verleihen.

Variante: Wenn es schnell gehen soll, können Sie die Crème Saint-Honoré auch durch geschlagene Sahne ersetzen (s. S. 95).

Kirsch-Profiteroles (französische Miniwindbeutel) ▸

Für 6 Personen
Zubereitung: 30 bis 40 Min.
Kochzeit Kirschen: 20 Min.

1/2 Liter Vanilleeis
150 g in Alkohol eingelegte Kirschen
200 g frische Kirschen
30 g Zucker
1 Päckchen Vanillezucker
50 ml Kirschwasser
12 große Windbeutel

Eis aus dem Gefrierfach nehmen und bei Zimmertemperatur stehen lassen, bis es weich, aber nicht geschmolzen ist. Die eingelegten Kirschen abtropfen lassen und möglichst schnell unter das Eis rühren, damit die Masse nicht flüssig wird. Eis wieder ins Gefrierfach stellen.

Die frischen Kirschen entstielen, waschen und entsteinen. Mit dem Zucker und dem Vanillezucker in einen Topf geben. 20 Minuten bei geringer Hitze unter gelegentlichem Rühren zu Kompott kochen. Falls nötig, den Topf halb mit einem Deckel zudecken.

Danach das Kirschwasser erwärmen, flambieren und über die Kirschen geben. Die Masse umrühren und dabei mit einem Schaber den Saft vom Topfboden lösen.

Die Windbeutel aufschneiden und mit je einer Kugel Kirscheis füllen. Je 2 Windbeutel auf einem Teller anrichten und sofort mit dem Kompott servieren.

Österlicher Croquembouche

Für 10 bis 12 Personen
Zubereitung: 2 Std.
Backzeit: 20 Min.
Kochzeit Creme: 20 Min.

Konditorcreme
750 ml Milch
1 Vanilleschote
2 Eier
2 Eigelbe
100 g Zucker
100 g Mehl
30 g Butter (in Stücke geschnitten)
2 EL Rum oder Grand Marnier

60 kleine Windbeutel

Karamell
80 Stück Würfelzucker (à 5 g)
12 EL Wasser

Für die Konditorcreme die Milch mit der längs halbierten Vanilleschote und dem ausgekratzten Mark erhitzen.

In einer Schüssel Eier und Eigelbe mit dem Zucker zu einer hellgelben, cremigen Masse schlagen. Das gesiebte Mehl unterheben und diese Masse mit der heißen Milch verrühren (zuvor die Vanilleschote herausnehmen). Die Creme in einen mit kaltem Wasser ausgespülten Topf geben und bei geringer Hitze andicken lassen (etwa 5 Minuten), dabei ständig mit dem Schaber umrühren. Dann den Topf vom Herd nehmen. Zunächst die Butter, dann den Alkohol (Rum oder Grand Manier) zugeben und die Creme anschließend erkalten lassen (sie muss recht fest werden). Windbeutel aufschneiden und mit einem Spritzbeutel mit schmaler Lochtülle mit der Creme füllen.

Für den Karamell (mit dem die Windbeutel in Eiform arrangiert werden) 20 Stück mit Wasser getränkter Würfelzucker in einen Topf geben. Vom Herd nehmen, sobald der Karamell eine hellgelbe Farbe hat (s. S. 15). Aus dem übrigen Zucker so viel Karamell zubereiten wie nötig.

Osterei aus Windbeuteln montieren: 4 Windbeutel kreisförmig auf einem flachen Teller anordnen und mit dem Karamell aneinander kleben. Dazu die Windbeutel an der Unterseite festhalten und nacheinander in den Karamell tauchen. Darüber die nächste Lage aus 5 Windbeuteln arrangieren und festkleben. Diese Schicht sollte etwas über die erste hinausragen. In den nächsten Lagen 9 und dann 12 Windbeutel verarbeiten. Nun ist das Ei halb fertig. Dann mit den restlichen 30 Windbeuteln nacheinander Schichten von 12, 9, 5 und 4 Windbeuteln auf die untere Hälfte setzen.

Das fertige Ei bis zum Servieren kühl stellen, jedoch nicht im Kühlschrank aufbewahren. Als Garnierung eignen sich bunte Bänder.

[Crêpe- und Waffelteig]

Bereiten Sie den Teig 1 bis 2 Stunden vor dem Abbacken der Crêpes oder Waffeln zu. Am besten und schnellsten gelingen die Crêpes, wenn Sie mit 2 flachen Crêpepfannen mit dickem Boden arbeiten und nicht zu viel Teig auf einmal in die Pfanne geben.
Crêpe- und Waffelteig halten sich im Kühlschrank bis zu 24 Stunden.
In einigen der folgenden Rezepte weicht die Zubereitung des Teiges leicht vom Grundrezept ab. In diesen Fällen sind die Mengenverhältnisse und Arbeitsschritte genau angegeben.

Crêpeteig

Für 12 mittelgroße Crêpes
250 g Mehl
500 ml Milch oder Milch und Wasser zu gleichen Teilen
3 mittelgroße Eier
2 EL zerlassene Butter oder Öl
1/2 TL feines Salz
2 EL Zucker
Aroma nach Wahl: geriebene Zitronenschale, 1/2 Päckchen Vanillezucker, 1 EL Rum oder Likör
Butter oder Öl für die Pfanne

Zubereitung des Teiges
Mehl in eine Schüssel geben und in die Mitte eine Mulde drücken. Dort die Hälfte der Milch hineinschütten. Mit einem Holzlöffel verrühren. Dabei in der Mitte beginnen und das Mehl nach und nach in die Flüssigkeit einarbeiten. Eier schaumig schlagen und unter Rühren zu dem Mehl-Milch-Gemisch geben. Dann Butter/Öl, Salz und Zucker hinzufügen. Dann nach und nach die restliche Milch einrühren: Der Teig sollte fließend, aber nicht zu flüssig sein. Nun das Aroma zugeben. Schüssel mit einem Küchenhandtuch abdecken und bei Zimmertemperatur ruhen lassen. Sollte der Teig zu dickflüssig sein, etwas Wasser zugeben.
Schneller können Sie den Teig auch in der Küchenmaschine zubereiten: einfach alle Zutaten hineingeben und mischen. Dabei die Schüssel nicht zu voll machen!

Backen
Eine eingefettete Pfanne erhitzen. Eine halbe Schöpfkelle Teig hineingießen und die Pfanne schwenken, damit sich der Teig gleichmäßig verteilt. Nach einigen Sekunden löst sich die Crêpe vom Pfannenrand. Mit einem weichen Spatel wenden und von der anderen Seite backen. Crêpe auf einen Teller gleiten lassen, der über einem Topf mit kochendem Wasser warm gehalten wird. Nach Wunsch belegen.

Waffelteig

Für etwa 12 Waffeln
500 ml Milch
100 g Butter
250 g Mehl
150 g Zucker
3 Eier
1 Prise Salz
1 TL Backpulver
Aroma nach Wahl: geriebene Zitronenschale, 1 EL Orangenblütenwasser oder Rum, 1/2 Päckchen Vanillezucker
Butter oder Öl für das Waffeleisen

Zubereitung des Teiges
Milch in einem Topf erwärmen und die Butter darin schmelzen. Mehl in eine Schüssel geben und in die Mitte eine Mulde drücken. Dort hinein Zucker, Eier und Salz geben. Zutaten mit einem Holzlöffel vermengen, dabei nach und das Mehl einarbeiten, anschließend das Backpulver. Bevor der Teig zu fest wird, die Milch nach und nach zugeben. Der Teig muss kräftig gerührt werden und darf keine Klümpchen mehr enthalten. Zum Schluss das gewünschte Aroma zugeben.

Backen
Waffeleisen erhitzen und Backflächen mit Butter oder Öl einpinseln. Rasch 2 oder 3 EL Teig hineingeben. Die Form sollte bis zum Rand der Prägung gefüllt sein. Waffeleisen schließen. Eine Waffel backt 2 bis 5 Minuten. Fertige Waffel aus dem Waffeleisen nehmen und kurz auf einem Gitter abkühlen lassen. Sie wird rasch fest und knusprig. Nach Wunsch garnieren. Mit dem übrigen Teig die restlichen Waffeln backen.

Flambierte Crêpes mit Zitrusbutter

Für 4 Personen
(12 Crêpes)
Zubereitung: 5 Min.
Backzeit: 15 Min.

100 g Butter
1 unbehandelte Orange
1 unbehandelte Zitrone
1 Limone
2 EL Puderzucker
12 Crêpes
50 ml Rum
50 ml Grand Marnier

Die Crêpes zubereiten (s. S. 55). Butter bei Zimmertemperatur weich werden lassen. Obst unter warmem Wasser abwaschen und abbürsten. Die Hälfte der Schale fein abreiben und den Saft auspressen.

Die weiche Butter mit dem Puderzucker und der geriebenen Schale cremig rühren. In 2 Pfannen mit 22 Zentimeter Durchmesser bei geringer Hitze je die Hälfte der Butter zerlassen. Die Crêpes dreimal falten und in jeder Pfanne je 6 Crêpes von jeder Seite 2 Minuten erwärmen.

Rum und Grand Marnier vermischen und die Crêpes damit beträufeln. Das Ganze flambieren. Sobald die Flammen erloschen sind, die Crêpes aus der Pfanne nehmen und sternförmig auf einem gewärmten Teller anrichten. Butter in der Pfanne mit dem Zitrussaft ablöschen, bei großer Hitze einkochen und über die Crêpes geben. Sofort servieren.

Vanillecrêpes ▸

Für 8 Personen
(24 Crêpes)
Zubereitung: 30 Min.
Backzeit: 30 Min.
Ruhezeit: 1 Std.

500 ml Milch
100 g Butter
2 Vanilleschoten
250 g Mehl
1/2 TL Salz
2 EL Zucker
3 Eier
Zucker zum Bestäuben der Crêpes

Milch und Butter in einen Topf geben. Vanilleschoten längs halbieren und das Mark aus dem Inneren kratzen. Alles zu der Milch geben und das Ganze zum Kochen bringen. Vom Herd nehmen und 15 Minuten ziehen lassen, dann die Vanilleschoten herausnehmen.

Mehl, Salz und Zucker in einer Schüssel vermengen, eine Mulde in die Mitte drücken und die Eier hineingeben. Alles verrühren, dabei die Milch langsam zugießen, bis der Teig glatt und flüssig ist (falls er zu fest ist, einige Esslöffel Wasser zugeben), anschließend 1 Stunde ruhen lassen.

Crêpes wie gewohnt backen (s. S. 55). Die fertigen Crêpes mit Zucker bestreuen und auf einer Servierplatte stapeln. Crêpes warm oder kalt servieren.

Soufflécrêpes mit Birnen

Für 4 Personen
(12 Crêpes)
Zubereitung: 45 Min.
Backzeit: 12 Min. bei 220 °C
Ruhezeit: 1 Std.

Crêpeteig
150 g Mehl
250 ml Milch
2 große Eier
1 EL Zucker
1 Prise Salz
2 EL Öl

Belag
3 Eiweiße
150 g Zucker
2 große, weiche Birnen
2 EL Wasser
3 Löffelbiskuits
3 EL Birnenschnaps
50 g Puderzucker

Crêpeteig zubereiten (s. S. 55) und 1 Stunde ruhen lassen (falls der Teig zu fest ist, einige Esslöffel Wasser zufügen).

12 hauchdünne Crêpes backen.

Für den Belag die Eiweiße und den Zucker im Wasserbad mit dem Schneebesen zu einer festen, glänzenden Baisermasse schlagen.

Birnen schälen, vierteln und das Kerngehäuse entfernen. Mit dem Wasser ein Kompott daraus kochen und diesen unter die Baisermasse ziehen. Die Löffelbiskuits in kleine Stücke schneiden, mit dem Birnenschnaps tränken und zu der Soufflémasse geben.

Backofen auf 220 °C vorheizen.

In die Mitte einer jeden Crêpe 1 EL Soufflémasse geben. Crêpes zu viereckigen, jedoch nicht ganz geschlossenen Päckchen falten.

Crêpepäckchen auf eine feuerfeste Platte setzen, die sich auch als Servierplatte eignet, mit dem gesiebtem Puderzucker bestäuben und im Backofen 12 Minuten backen. Danach sofort servieren.

‹ Zitronen-Crêpekuchen

Für 4 Personen
Zubereitung: 20 Min.
Backzeit Crêpes: 30 Min.
Backzeit Kuchen: 20 Min. bei 200 °C
Ruhezeit: 1 Std.

Crêpeteig
150 g Mehl
300 ml Milch
2 große Eier
2 EL Öl
1 Prise Salz
2 EL Zucker
etwas geriebene Zitronenschale (unbehandelt)
etwas Butter (für Pfanne und Form)

Zitronencreme
3 Eier
200 g Zucker
3 unbehandelte Zitronen
75 g Butter

Puderzucker zum Bestäuben

Crêpeteig zubereiten (s. S. 55) und 1 Stunde ruhen lassen (falls der Teig zu fest ist, einige Esslöffel Wasser zufügen). Einen kleinen Schöpflöffel Teig in eine gebutterte Crêpepfanne gießen und backen, bis die Crêpe trocken ist. Restlichen Teig abbacken.

Für die Zitronencreme in einem kleinen, rostfreien Topf Eier, Zucker, Zitronensaft und geriebene Zitronenschale verrühren und bei geringer Hitze eindicken lassen. Den Topf vom Herd nehmen, bevor die Masse zu kochen beginnt. Diese durch ein Sieb streichen, um die Zitronenschale zu entfernen. Die klein geschnittene Butter einrühren.

Backofen auf 200 °C vorheizen.

Eine hohe Kuchenspringform mit dem gleichen Durchmesser wie die Crêpes einfetten. Den Boden mit einer Crêpe bedecken und diesen mit einer dünnen Schicht Zitronencreme bestreichen. Eine weitere Crêpe darauf legen, wiederum mit Creme bestreichen usw. Kuchen mit einer Crêpe abschließen.

20 Minuten im Ofen backen. Danach abkühlen lassen und aus der Form nehmen. Vor dem Servieren mit Puderzucker bestäuben (mit einem Sieb).

Waffeln mit Orangenblütenwasser ▸

Für 8 Personen
(24 Waffeln)
ZUBEREITUNG: 20 Min.
BACKZEIT: 5 Min. pro Waffel

4 Eier
250 g Zucker
300 g Mehl
500 ml Milch
50 ml Wasser
1 Prise Salz
2 Päckchen Vanillezucker
125 g zerlassene Butter
2 EL Orangenblütenwasser
Puderzucker zum Bestäuben
Butter für das Waffeleisen (bei Bedarf)

Die Eier trennen. Eigelbe und Zucker schaumig rühren, dann das Mehl zugeben. Milch und Wasser unterrühren. Eiweiß mit dem Salz und dem Vanillezucker steif schlagen und unter den Teig ziehen. Zum Schluss zerlassene Butter und Orangenblütenwasser hinzufügen.

Das Waffeleisen mit Antihaftbeschichtung erhitzen (sollte es nicht beschichtet sein, vor dem Backen jeder Waffel einfetten). Den Teig mit einem kleinen Schöpflöffel in das Waffeleisen geben. Die Form bis zur Prägung befüllen, jedoch nicht weiter, sonst backt der Teig über. Waffeln goldbraun backen (ca. 5 Minuten pro Waffel). Waffeln vor dem Servieren mit Puderzucker bestäuben.

Waffelhörnchen mit Rohrzucker

Für 6 bis 7 Personen
(etwa 30 Waffelhörnchen)
ZUBEREITUNG: 20 Min.
BACKZEIT: 30 Min.
RUHEZEIT: 12 Std.

125 ml Milch
300 g Butter
150 g Rohrzucker
200 g Mehl
1 Ei
1 Eigelb

In Stücke geschnittene Butter mit dem Rohrzucker und der Milch in einen Topf geben und unter Rühren bei geringer Hitze erwärmen. Mehl, Ei und Eigelb mit der Milch-Butter-Rohrzucker-Mischung in einer Schüssel zu einem glatten Teig verrühren. Schüssel mit einem Küchenhandtuch abdecken und Teig 12 Stunden ruhen lassen.

Zum Backen benötigen Sie ein Waffeleisen mit ebener Backfläche. Geräte, die nicht antihaftbeschichtet sind, müssen vor jedem Backgang eingefettet werden.

Für das Backen der ersten Waffel einen Löffel Teig in das Waffeleisen geben. Wenn die Waffel fertig ist, von der Backfläche nehmen und sofort zu einem Hörnchen rollen. In abgekühltem Zustand ist die Waffel hart und zerbrechlich und lässt sich nicht mehr rollen. Mit dem restlichen Waffelteig genauso verfahren.

Sie können die Hörnchen mit Creme, Mousse oder Obstsalat servieren. In einer luftdichten Dose lassen sie sich wunderbar aufbewahren.

[Hefe-, Rühr- und Biskuitteig]

Hefeteig

Hefeteig dient als Basis für Babas, Savarins, Brioches und Gugelhupfe. Der einfache Teig lässt sich beliebig formen und kann mit Rosinen und kandierten Früchten verfeinert werden. Als Füllung für einen Savarin eignen sich Sahne (s. S. 95), Konditorcreme (s. S. 87), Kompott oder Obstsalat.

Für 6 Personen

150 g Mehl
1/2 TL Salz
1 EL Zucker
2 Eier (à 55 g)
50 ml Milch
1/2 Würfel frische Hefe
70 g zerlassene Butter
etwas Butter für die Form

Zubereitung des Teiges

Das Mehl in eine Schüssel geben, in die Mitte eine Mulde drücken und das Salz, den Zucker und die aufgeschlagenen Eier hineingeben. Milch in einen Topf geben und auf dem Herd leicht erwärmen. Die Hefe in der lauwarmen Milch auflösen und mit einem Teigschaber unter die übrigen Zutaten rühren. Dann die Butter hinzufügen und alles gut vermengen.
Die Schüssel mit einem Küchenhandtuch abdecken und den Teig bei Zimmertemperatur an einem gut geschützten Ort etwa 2 Stunden gehen lassen, bis sich sein Volumen verdoppelt hat.
Die Form großzügig mit Butter einfetten. Den Teig nun vorsichtig mit der Hand kneten (dabei fällt er wieder zusammen), dann in die Form geben. Diese sollte bis zu einem Drittel gefüllt sein (auf keinen Fall mehr). Den Teig nochmals bis 1 Zentimeter unter den Rand gehen lassen.

Backen

Den Ofen auf 210 °C vorheizen und den Teig etwa 25 bis 30 Minuten backen. Er sollte dann eine blassgelbe Farbe haben.

Rührteig

Rührteig dient als Basis für verschiedene Kuchenspezialitäten und Kekse. Dabei wird das Backpulver immer zuletzt in den Teig gegeben, denn das im feuchten Milieu freigesetzte Kohlendioxid des Backpulvers verflüchtigt sich sehr schnell. Dadurch verliert es seine Wirkung, und der Kuchen geht nicht auf.
Für Rührteig gibt es kein Basisrezept, seine Zubereitung variiert von Dessert zu Dessert.

Biskuitteig

Bei diesem Teig dient Eischnee als Backtreibmittel. Er wird vorsichtig unter die restlichen Zutaten gehoben, und durch die Hitze beim Backen geht der Teig auf.
Aus Biskuitteig werden verschiedene Kuchenspezialitäten und Soufflés hergestellt.
Für Biskuitteig gibt es kein Basisrezept, seine Zubereitung variiert von Dessert zu Dessert. Dennoch gilt es, einige Grundregeln zu beachten:

- Aus tagesfrischen Eiern lässt sich kein Eischnee schlagen.
- Das Eiweiß muss sorgfältig vom Eigelb getrennt werden. Gelangt nur eine Spur Eigelb in das Eiweiß, wird es nicht steif.
- Die Eier 1 Stunde vor der Verarbeitung aus dem Kühlschrank nehmen.
- Der Eischnee wird leichter fest, wenn man beim Aufschlagen je eine Prise Salz und Zucker zugibt.
- Der Eischnee haftet nicht an der Schüssel an, wenn man das Gefäß vor dem Aufschlagen mit kaltem Wasser ausspült und nicht abtrocknet.
- Das Eiweiß in einem hohen Gefäß mit rundem Boden aufschlagen.
- Den Eischnee erst aufschlagen, wenn Sie ihn tatsächlich benötigen (er fällt rasch wieder zusammen).

So heben Sie den Eischnee unter den Teig

- Niemals unter Hitzeeinwirkung arbeiten und hastige Bewegungen vermeiden.
- Den Eischnee vorsichtig mit einem Teigschaber unter den Teig heben. Nicht rühren, dadurch werden die Luftblasen zerstört, und die Masse fällt zusammen.
- Zunächst vorsichtig 1 EL Eischnee unterziehen, dann den gesamten Eischnee auf einmal zugeben und langsam unterheben.

Backen

Den Teig bei geringer Hitze im unteren Drittel des Backofens abbacken (jedoch nicht auf der untersten Schiene). Den Ofen während des Backens nicht öffnen, sonst fällt der Teig zusammen.

Englischer Cake ▸

Für 8 Personen
ZUBEREITUNG: 25 Min.
(am Vortag beginnen)
BACKZEIT: 10 Min. bei 220 °C
+ 30 Min. bei 180 °C
+ etwa 10 Min. bei 160 °C

100 g Sultaninen
100 g Korinthen
2 Likörgläser Rum
150 g kandierte Früchte
175 g Butter
125 g Zucker
1 Prise feines Salz
3 große Eier
250 g Mehl
1/2 Päckchen Backpulver
etwas Butter für die Form

Sultaninen und Korinthen am Tag vor der Zubereitung des Cakes waschen und abtropfen lassen. Zusammen mit den klein geschnittenen kandierten Früchten in Rum einweichen.

Am Tag der Zubereitung die in Stücke geschnittene Butter bei Zimmertemperatur weich werden lassen.

Backofen auf 220 °C vorheizen.

Butter mit einem Holzlöffel oder dem elektrischen Handrührgerät cremig rühren. Zunächst den Zucker unter Rühren in 2 oder 3 Portionen in die Butter geben, dann das Salz. Es muss eine schaumige Masse entstehen. Nacheinander die Eier zugeben, dabei weiter rühren. Gesiebtes Mehl und Backpulver hinzufügen. Rühren, bis ein glatter Teig entstanden ist. Zum Schluss die eingeweichten Früchte mit dem Rum in den Teig einarbeiten. Eine Kastenform (24 Zentimeter Länge) einfetten und die Seiten mit gebuttertem Backpapier auskleiden. Teig löffelweise in die Form geben.

10 Minuten bei 220 °C backen, dann Temperatur auf 180 °C reduzieren. Nach weiteren 30 Minuten die Backofentemperatur auf 160 °C reduzieren, dann noch einmal 10 Minuten backen, bis der Kuchen goldbraun ist. Kuchen aus dem Ofen nehmen, aus der Form lösen und auf einem Gitter abkühlen lassen.

Tipp: Damit die Früchte nicht auf den Boden der Form absinken, die Mengenverhältnisse von Zucker und Mehl beachten und den Teig löffelweise in die Form geben.

Rum-Baba

Für 6 Personen
ZUBEREITUNG: 20 Min.
BACKZEIT: 30 Min. bei 220 °C
RUHEZEIT TEIG: etwa 3 Std.
RUHEZEIT BABA: mindestens 2 Std.

HEFETEIG
150 g Mehl
1/2 TL Salz
1 EL Zucker
2 Eier (à 55 g)
50 ml Milch
1/2 Würfel frische Hefe
70 g Butter
etwas Butter für die Form

SIRUP
500 ml Wasser oder Schwarztee
250 g Zucker
1 Päckchen Vanillezucker
6 EL Rum

GARNIERUNG (NACH WUNSCH)
Früchte (frisch oder kandiert) oder
geschlagene Sahne

Hefeteig zubereiten (s. S. 63) und Backofen auf 220 °C vorheizen.

Eine Baba- oder Kranzform großzügig einfetten und zu einem Drittel mit Teig befüllen. 1 Stunde ruhen lassen, bis der Teig 1 Zentimeter unter den Rand reicht, anschließend 30 Minuten backen.

Währenddessen den Sirup zubereiten: Wasser oder Schwarztee, Zucker und Vanillezucker in einen Topf geben. Zum Kochen bringen, dann vom Herd nehmen und den Rum zufügen. Den Baba aus dem Backofen nehmen, aus der Form lösen und sofort mit dem warmen Sirup übergießen. Baba nun mindestens 2 Stunden ziehen lassen.

Sie können den Kuchen so servieren oder mit Früchten oder geschlagener Sahne garnieren.

◂ Gugelhupf

Für 6 bis 8 Personen
ZUBEREITUNG: 40 Min.
BACKZEIT: 45 Min. bei 210 °C
RUHEZEIT: 3 bis 6 Std.

250 ml Milch
20 g frische Hefe
150 g Butter
1 Prise Salz
100 g Zucker
500 g Mehl
2 große Eier
125 g Malagarosinen
50 g ganze, ungeschälte Mandeln
25 g Butter für die Form
Puderzucker

Milch auf 30 °C erwärmen.

4 bis 5 Löffel abnehmen und die Hefe hineinbröckeln. Verrühren und ruhen lassen. Salz und Zucker in die restliche warme Milch geben und die Butter darin schmelzen lassen.

Mehl in eine angewärmte Schüssel sieben, eine Mulde in die Mitte drücken und die Eier dort hineinschlagen. Mit der Hand vermengen und nach und nach die warme Milch mit dem Salz und dem Zucker zugeben, anschließend die Mich-Hefe-Mischung hinzufügen.

Den leicht elastischen Teig vorsichtig bearbeiten (anheben und in die Länge ziehen), jedoch nicht schlagen. Er ist fertig, wenn er sich ganz leicht von den Händen löst. Die Malagarosinen untermengen. Die Schüssel mit einem sauberen Küchenhandtuch abdecken und den Teig bei Zimmertemperatur 1 1/2 bis 2 Stunden gehen lassen, bis sich sein Volumen verdoppelt hat. Dann vorsichtig durchkneten. Eine Gugelhupfform großzügig einfetten und eine Mandel in jede Unterteilung der Form legen. Teig vorsichtig hineingeben, damit die Mandeln nicht verrutschen. Bei Zimmertemperatur gehen lassen, bis der Teig die Form vollständig ausfüllt. Den Backofen auf 210 °C vorheizen. Gugelhupf auf der mittleren Schiene 30 Minuten backen. Wird der Kuchen zu schnell dunkel, mit einem Stück Backpapier abdecken. Weitere 15 Minuten backen. Mit einem Metall- oder Holzspieß in den Gugelhupf stechen: Bleibt kein Teig daran haften, ist der Kuchen fertig. Gugelhupf aus dem Ofen holen, aus der Form lösen und abkühlen lassen. Am besten schmeckt er am folgenden Tag. Vor dem Servieren mit Puderzucker bestäuben.

Zitronensoufflé

Für 4 Personen
ZUBEREITUNG: 20 Min.
BACKZEIT: 30 bis 40 Min. bei 200 °C

1 unbehandelte Zitrone
1 unbehandelte Limone
250 ml Milch
150 g Zucker
4 Eier
1 Eiweiß
3 EL Speisestärke
20 g Butter
etwas Butter für die Form

Backofen auf 200 °C vorheizen.

Zitrone und Limone waschen und abbürsten, dann die Schale abreiben und den Saft auspressen. Einige Zesten für die Garnierung zur Seite legen.

Milch und Zucker in einen Topf geben und bis zum Siedepunkt erhitzen. Vom Herd nehmen, die geriebene Schale von Zitrone und Limone hinzufügen und bis zur Verwendung ziehen lassen.

Eier trennen und beiseite stellen.

In einer kleinen Schüssel die Speisestärke mit 4 EL des gefilterten Fruchtsaftes verrühren. Zu der Milch geben und alles bei sanfter Hitze erwärmen, bis die Masse eingedickt ist.

Vom Herd nehmen, 20 Gramm Butter und die Eigelbe unterrühren und die Creme anschließend vollständig erkalten lassen.

Eiweiß steif schlagen und unter die erkaltete Creme heben.

Eine Souffléform buttern. Soufflémasse hineingeben. Die Form darf nur bis zu 2 Dritteln gefüllt sein.

Auf der mittleren Backofenschiene 30 bis 40 Minuten backen, bis das Soufflé gut aufgegangen ist. Mit den restlichen Zesten dekorieren und sofort servieren.

Orangenkuchen

Für 6 Personen
Zubereitung: 20 Min.
Backzeit: 30 Min. bei 200 °C

Rührteig
115 g Butter
115 g Zucker
2 Eier
115 g Mehl
1 große, unbehandelte Orange
1 TL Backpulver

Glasur
150 g Puderzucker
1 große, saftige Orange

Backofen auf 200 °C vorheizen.

Die Orange waschen und abbürsten, dann die Schale abreiben und den Saft auspressen. Butter in einer angewärmten Schüssel mit einem Holzlöffel cremig rühren. Nach und nach den Zucker zugeben, dann die Eier nacheinander unter ständigem Rühren untermengen. Mehl, den Saft und die geriebene Schale der Orange hinzufügen, dabei einige Zesten für die Garnierung aufbewahren. Zum Schluss das Backpulver unterrühren. Teig in eine eingefettete Kuchenform (am besten eine Kastenform mit 24 Zentimeter Seitenlänge) geben und 30 Minuten backen.

Für die Glasur die Orange auspressen und den Puderzucker im Saft auflösen. Möglicherweise benötigen Sie nicht den gesamten Saft: Es muss eine fließende dicke Masse entstehen. Kuchen nach dem Backen aus dem Backofen nehmen, aus der Form lösen und auf einer Kuchenplatte anrichten. Die Hälfte der Glasur auftragen, solange der Kuchen noch warm ist. Dadurch wird er weich. Mit der restlichen Glasur bestreichen, wenn er vollständig abgekühlt ist. Mit Orangenzesten dekorieren.

Doughnuts

Für 6 Personen
(18 Doughnuts)
Zubereitung: 40 bis 45 Min.
Backzeit: 20 bis 25 Min.
Ruhezeit: 2 1/2 bis 4 Std.

250 ml Milch
20 g frische Hefe
1 TL Salz
500 g Mehl
60 g Butter
150 g brauner Zucker
2 Eier
geriebene Muskatnuss
Frittieröl
Puderzucker
Konfitüre (nach Wunsch)

Milch leicht erwärmen, in eine Schüssel gießen und die Hefe hineinbröckeln. Salz und 300 Gramm Mehl zugeben und kräftig rühren, sodass ein homogener und luftiger Teig entsteht. Schüssel mit einem Küchenhandtuch bedecken und den Teig 30 bis 60 Minuten bei Zimmertemperatur gehen lassen. Danach die Butter zerlassen und mit dem braunen Zucker, den schaumig geschlagenen Eiern, etwas geriebenem Muskat und dem restlichen Mehl rasch unter den Teig arbeiten. Dann den Teig kneten. Noch einmal 2 bis 3 Stunden gehen lassen. Danach den Teig nochmals mit der Hand durchkneten. Sollte er noch zu klebrig sein, etwas Mehl zugeben.

Teig mit einer Schere oder einem Messer in 18 gleich große Stücke zerschneiden. Aus jedem Stück eine Rolle von ca. 15 Zentimeter Länge formen. Nun die Enden miteinander verbinden, sodass Kringel von etwa 9 Zentimeter Durchmesser entstehen.

Das Frittieröl erhitzen: Es muss kochen, darf aber nicht qualmen. Jeweils 3 Doughnuts gleichzeitig frittieren. Sie sollten zunächst auf den Boden hinabsinken und dann sofort wieder aufsteigen.

2 Minuten backen, bis sie beginnen, braun zu werden, dann mit einem Schaumlöffel wenden und von der anderen Seite noch einmal 1 bis 2 Minuten frittieren.

Doughnuts auf einem mit Küchenkrepp bedeckten Gitter abtropfen lassen. Die fertigen Doughnuts auf einer Servierplatte anrichten und großzügig mit Puderzucker bestäuben. Sie können das Gebäck auch mit Konfitüre bestreichen, dazu quer durchschneiden, Konfitüre verteilen und wieder zuklappen. Heiß, warm oder kalt servieren.

Sandkuchen ▲

Für 6 bis 8 Personen
Zubereitung: 20 Min.
Backzeit: 30 bis 40 Min. bei 190 °C

3 große Eier
Gewicht der Eier
– in Butter
– in Zucker
– in Mehl
etwas Butter für die Form

Butter mit einem Kochlöffel (einer Gabel oder einem Handrührgerät) glatt rühren. Zucker in 2 bis 3 Portionen zugeben und kräftig rühren, sodass eine cremige Masse entsteht. Eier trennen. Eigelbe zu der Butter-Zucker-Mischung geben und unterrühren. Mehl sieben und ebenfalls unter den Teig mischen.

Backofen auf 190 °C vorheizen.

Eiweiß steif schlagen und vorsichtig unter den Teig heben, sodass die Masse schön luftig wird. Der Teig sollte weich und dabei fest sein. In eine eingefettete Kastenform geben und auf der mittleren Backofenschiene 30 Minuten backen. Dann mit einem Messer in den Kuchen stechen. Er ist fertig, wenn kein Teig daran haften bleibt. Falls nötig, noch rund 10 Minuten backen.

Kuchen aus dem Backofen nehmen, sobald er fertig ist. 5 Minuten ruhen lassen, dann auf ein Kuchengitter stürzen. Vor dem Servieren erkalten lassen.

Hefetörtchen mit Eiercreme

Für 6 Personen
Zubereitung: 30 Min.
Backzeit: 10 bis 15 Min. bei 220 °C
Ruhezeit Teig: etwa 3 bis 5 Std.

Hefeteig
400 ml Milch
40 g frische Hefe
100 g Butter
100 g Margarine
1 kg Mehl
8 EL Zucker
4 Eier
2 EL Orangenblütenwasser
Salz

Eiercreme
6 EL Zucker
3 Eigelbe
2 EL Orangenblütenwasser
500 ml Crème double
Puderzucker

Für den Hefeteig die Milch erwärmen und 2 EL davon über die Hefe gießen. Die restliche Milch in eine große Schüssel geben und darin die Butter und die Margarine schmelzen. Mit einem Küchenhandtuch bedecken und beiseite stellen.

Mehl in eine weitere Schüssel geben und in die Mitte eine Mulde drücken. Dort hinein den Zucker, etwas Salz und die schaumig gerührten Eier geben. Das Ganze zu einer homogenen Masse verrühren. Nun die Butter-Margarine-Milch, die Hefemischung und das Orangenblütenwasser zugeben. Zunächst mit dem Teigschaber, dann mit den Händen vermengen. Dabei den Teig immer wieder anheben, um Luft hineinzuarbeiten. Mit einem Küchenhandtuch bedecken und bei Zimmertemperatur 2 bis 2 1/2 Stunden gehen lassen. Danach sollte der Teig sein Volumen verdreifacht haben.

Teig noch einmal mit den Händen bearbeiten, dann in 6 Portionen teilen und die Teigstücke ausrollen. 6 Törtchenformen mit 10 Zentimeter Durchmesser damit auslegen. Dabei den Rand etwas überstehen lassen. Den Teig in der Form noch einmal gehen lassen.

In einer Schüssel die Crème double, die 3 Eigelbe, den Zucker und das Orangenblütenwasser verrühren.

Backofen auf 220 °C vorheizen.

Wenn der Teig in den Formen aufgegangen ist, den Boden leicht andrücken (wie bei einem Tortenboden) und die Eiercreme darauf verteilen. 10 bis 15 Minuten backen.

Dann Törtchen aus dem Ofen nehmen und mit Puderzucker bestäuben. Warm oder kalt servieren.

Möhrenkuchen ▸

Für 6 Personen
Zubereitung: 20 Min.
Backzeit: 45 Min. bei 180 °C

250 g Mehl
1/2 Päckchen Backpulver
1 TL Zimt
1/2 TL Salz
100 g geriebene Möhren
80 bis 125 g Korinthen
50 g gehackte Walnüsse
100 g Rohrzucker
2 Eier
200 ml Milch
150 g zerlassene Butter

Backofen auf 180 °C vorheizen.

In einer Schüssel Mehl, Backpulver, Zimt und Salz vermischen. In einer weiteren Schüssel die geriebenen Möhren, die Korinthen und die Walnüsse vermengen, dann den Rohrzucker, die schaumig geschlagenen Eier, die Milch und die zerlassene Butter zugeben.

Die beiden Massen miteinander vermischen und den Teig in eine vollständig mit Backpapier ausgelegte Kastenform geben.

45 Minuten backen, dann Kuchen aus dem Ofen holen, abkühlen lassen und aus der Form nehmen.

Den Kuchen aufgeschnitten auf einer länglichen Servierplatte anrichten.

Schokoladenkuchen „Pamplona"

Für 10 Personen
Zubereitung: 35 Min.
Backzeit: 30 Min. bei 190 °C

Rührteig
250 g Mehl
250 g Zucker
4 EL Kakao
1 TL Zimt
1 TL Backpulver
100 ml Milch
100 ml Erdnussöl
200 ml Wasser
125 g Butter
1 TL Vanilleextrakt
2 Eier
etwas Butter für die Form

Glasur
175 g Bitterschokolade
2 EL Wasser
125 ml Sahne

Garnierung
1 EL Kakao

Für den Teig Mehl, Zucker, Kakaopulver, Zimt und Backpulver in einer Schüssel vermengen und in die Mitte eine Mulde drücken. Milch, Öl und Wasser in einem Topf leicht erwärmen, dann die Butter zugeben. Sobald diese geschmolzen ist, den Topf vom Herd nehmen und den Vanilleextrakt in die Flüssigkeit geben. Kräftig rühren – alle Zutaten müssen sich gut vermengen. Flüssigkeit nun vorsichtig unter Rühren in die Schüssel zu dem Mehlgemisch geben.

Backofen auf 190 °C vorheizen.

Eier schaumig schlagen und unter den Teig ziehen. Diesen dann in eine eingefettete viereckige Kuchenform mit 40 Zentimeter Seitenlänge geben (oder auf 2 kleinere Formen verteilen). 30 Minuten backen. Kuchen nach dem Backen direkt aus der Form lösen und auf einem Kuchengitter vollständig abkühlen lassen.

Für die Glasur die Schokolade in Stücke brechen und mit dem Wasser im Wasserbad schmelzen. Sobald sie weich ist, mit einem Holzlöffel vermengen und unter kräftigem Rühren die Sahne zugeben. Glasur ein wenig abkühlen lassen. Wenn sie fest genug ist (sie darf nur leicht flüssig sein), den Kuchen damit bestreichen. Kühl servieren. Vorher mit Kakao bestäuben.

Joghurtkuchen mit weißen und blauen Trauben

Für 8 Personen
Zubereitung: 30 Min.
Backzeit: 45 Min. bei 200 °C

300 g Mehl
180 g Zucker
1 Prise Salz
1 Päckchen Backpulver
4 Eier
2 Becher Naturjoghurt (zusammen etwa 250 g)
1 EL Öl
20 g Butter für die Form
250 g weiße Trauben
250 g blaue Trauben

Backofen auf 200 °C vorheizen.

Mehl, Zucker, Salz und Backpulver in einer Schüssel vermengen und in die Mitte eine Mulde drücken. In einer weiteren Schüssel die Eier mit dem Joghurt schaumig rühren. Diese Masse in die Mulde geben und mit dem elektrischen Handrührgerät verrühren, dann das Öl zugeben. Eine Kuchenform mit 26 Zentimeter Durchmesser einfetten und den Teig hineingeben.

Trauben verlesen und sorgfältig abwaschen. Mit Küchenkrepp abtrocknen. Nun weiße und blaue Trauben abwechselnd in den Teig drücken.

Kuchen auf der mittleren Schiene des Backofens 45 Minuten backen. Mit einem Messer in den Kuchen stechen. Wenn kein Teig daran haften bleibt, ist der Kuchen gar. Falls nötig, die Backzeit ein wenig verlängern.

Kuchen abkühlen lassen, dann aus der Form lösen, auf einer Platte anrichten und servieren.

Schokoladenbrownies mit Nüssen

Für 6 Personen
(24 Brownies)
ZUBEREITUNG: 30 Min.
BACKZEIT: etwa 30 Min. bei 200 °C

125 g geschälte Haselnüsse
250 g Bitterschokolade
2 Eier
200 g Zucker
1 Päckchen Vanillezucker
125 g Butter
1 Prise Salz
100 g Mehl
1/2 Päckchen Backpulver
etwas Butter und Mehl für die Form

Backofen auf 200 °C vorheizen.

Eine eckige Kuchenform mit 20 Zentimeter Seitenlänge einfetten. Haselnüsse fein hacken und einige Minuten ohne Fett in der Pfanne rösten. Dabei die Pfanne beständig hin- und herrütteln. Nüsse beiseite stellen.

Schokolade in Stücken in eine hitzebeständige Schüssel geben und in der Mikrowelle (1 Minute bei maximaler Wattstärke) oder im Wasserbad erhitzen. Sobald sie weich ist, aus dem Wasserbad nehmen und mit einem Schaber leicht verrühren.

Mit einem elektrischen Handrührgerät die Eier, den Zucker, den Vanillezucker, das Salz und die leicht geschmolzene Butter zu einer homogenen Masse verrühren. Dann das Mehl, das Backpulver, die Schokolade und schließlich die fein gehackten Nüsse zugeben und das Ganze mit einem Holzlöffel verrühren. Teig in die Kuchenform geben und glatt streichen.

Auf der mittleren Backofenschiene etwa 40 Minuten backen, bis der Kuchen eine goldbraune Farbe angenommen hat. Mit einem Messer in den Kuchen stechen. Wenn kein Teig daran haften bleibt, ist der Kuchen gar. Sollte das nicht der Fall sein, die Backzeit ein wenig verlängern.

Den fertigen Kuchen aus dem Backofen nehmen, sofort aus der Form lösen und auf einem Gitter vollständig abkühlen lassen. In 24 Stücke schneiden und diese auf einem großen Teller anrichten.

[Buttercreme]

Buttercreme dient als Garnierung, Füllung und Belag von Biskuitgebäck, Torten und „kalt" gebackenen Kuchen mit Keksboden usw.
Damit die Buttercreme gelingt, ist es sehr wichtig, die Eier-Sirup-Mischung auf Zimmertemperatur abkühlen zu lassen, bevor man die Butter hinzufügt, sonst schmilzt diese zu rasch.
Buttercreme ist leicht verderblich. Man sollte sie nicht länger als 12 Stunden im Kühlschrank aufbewahren.

Traditionelle Buttercreme

Belag für einen Kuchen für 6 bis 8 Personen
250 g Würfelzucker
200 ml Wasser
8 Eigelbe
1 Prise Salz
250 g Butter
Aroma nach Wahl: 1 EL Vanille- oder Kaffee-Extrakt, 2 EL ungezuckerter Kakao, Krokant, Alkohol, Likör (Rum, Kirschwasser, Grand Marnier)

Zubereitung
Aus dem Würfelzucker und dem Wasser einen Sirup kochen (SCHWACHER bis STARKER FADEN, s. S. 55). Eigelb und Salz mit dem Schneebesen leicht anschlagen. Den kochenden Sirup unter Rühren langsam zu den Eiern geben. Dann die Butter cremig rühren: Sie darf nicht geschmolzen, sondern sollte weich und locker sein. Die Eiermasse nach und nach in die cremige Butter rühren, bis eine glänzende, feste Creme entstanden ist. Das gewünschte Aroma zugeben.

Vereinfachte Buttercreme

Füllung für einen Kuchen für 6 bis 8 Personen
(26 cm Durchmesser)
2 Eier à 55 g
150 g Zucker
250 g Butter
Aroma nach Wahl

Zubereitung
Eier in einen kleinen Topf schlagen, den Zucker hineinrieseln lassen und auf kleiner Flamme erwärmen. Dabei mit dem Schaber rühren, bis sich der Zucker vollständig aufgelöst hat: Es dürfen auf keinen Fall Zuckerkristalle zurückbleiben. Masse unter häufigem Umrühren abkühlen lassen. Butter in Stücke schneiden und mit einem Spatel cremig rühren (sie darf nicht geschmolzen sein). Erkaltete Eier-Zucker-Mischung unter Rühren langsam zu der Butter gießen. Wenn die Creme glatt und homogen ist, das Aroma zugeben.

Schokoladenbuttercreme (als Belag oder Füllung)

Füllung für einen Kuchen für 6 bis 8 Personen
(26 cm Durchmesser)
75 g Bitterschokolade
60 g Butter
30 g Puderzucker
1 Ei

Zubereitung
Schokolade im Wasserbad schmelzen. Butter in einer Schüssel cremig rühren. Alle Zutaten zu der Butter geben und mit dem Teigschaber gut vermengen.

Ostertorte

Für 8 Personen
ZUBEREITUNG: 1 Std.
BACKZEIT: 30 bis 40 Min. bei 180 °C

BISKUIT
5 Eier
150 g Zucker
150 g Mehl
20 g Butter für die Form

KAFFEE-BUTTERCREME
2 Eier
1 Eigelb
150 g Zucker
250 g Butter
2 TL Kaffee-Extrakt

GLASUR
200 g Puderzucker
2 oder 3 EL sehr starker Kaffee

GARNIERUNG
Schokoladeneier und
Kakao-Kaffeebohnen

Backofen auf 180 °C vorheizen.

Für den Biskuit eine Schüssel ins Wasserbad stellen, die Eier hineinschlagen und mit dem Zucker schaumig rühren. Aus dem Wasserbad nehmen, Mehl darüber rieseln und vorsichtig unterheben.

Eine Springform mit 26 Zentimeter Durchmesser einfetten und den Teig hineingeben. Auf der mittleren Backofenschiene 30 Minuten backen. Dann mit einem Messer in den Kuchen stechen. Wenn der Teig nicht daran festklebt, ist er fertig, anderenfalls die Backzeit um 10 Minuten verlängern. Kuchen nach dem Abbacken aus dem Ofen nehmen, aus der Form lösen und auf einem Gitter abkühlen lassen.

Für die Kaffee-Buttercreme die Eier und Eigelbe mit dem Zucker zu einer dickflüssigen Masse schlagen. Die Butter in kleinen Flocken unterarbeiten. Das Ganze unter kräftigem Rühren cremig schlagen, dann den Kaffee-Extrakt hinzufügen. Bis zur Verwendung in den Kühlschrank stellen.

Den abgekühlten Biskuitboden horizontal in 3 gleich dicke Schichten schneiden. Die unterste Schicht auf eine runde Kuchenplatte setzen und mit der Hälfte der Buttercreme bestreichen. Die zweite Schicht darauf legen und mit der restlichen Creme bestreichen. Torte mit der dritten Biskuitschicht abschließen.

Für die Glasur so viel Kaffee unter den Puderzucker rühren, dass eine glatte, glänzende Masse entsteht. Ist sie zu fest, noch einige Tropfen Kaffee einrühren, ist sie zu flüssig, etwas Puderzucker hinzufügen. Die Torte mithilfe eines Teigschabers rundum mit der Glasur bestreichen.

Die Garnierung aus Schokoladeneiern und Kakao-Kaffeebohnen direkt auf der noch feuchten Glasur arrangieren. Die Glasur vor dem Servieren trocknen lassen.

Maronenscheit

Für 8 Personen
Zubereitung: 45 Min.
Backzeit: 10 bis 12 Min. bei 210 °C
Ruhezeit: 12 Std. im Kühlschrank

Sirup
200 g Zucker
200 ml Wasser
4 EL Kognak

Biskuitteig
8 Eier
300 g Zucker
200 g gesiebtes Mehl
20 g Butter für die Form

Maronencreme für die Füllung
250 g Butter
500 g gezuckerte und mit Vanille aromatisierte Maronenpaste
4 EL Kognak

Garnierung (nach Wunsch)
weihnachtliche Süßigkeiten,
kleine Baiserknöpfe,
kandierte Maronen

Für den Sirup den Zucker und das Wasser in einen Topf geben. Bei mittlerer Hitze zum Sieden bringen, bis das Ganze eine sirupartige Konsistenz bekommt. Der Sirup darf nicht bräunen. Vom Herd nehmen, Kognak zufügen und erkalten lassen.

Backofen auf 210 °C vorheizen.

Für den Biskuit die Eier trennen. Eigelbe mit dem Zucker in einer Schüssel hellgelb schlagen. Eiweiße steif schlagen. Nun abwechselnd Eischnee und Mehl unter die Zucker-Ei-Masse heben.

Eine flache, rechteckige Backform (oder die Fettpfanne des Backofens) einfetten. Den Teig gleichmäßig darin verstreichen. Auf der mittleren Backofenschiene 10 bis 12 Minuten backen: Der Biskuit muss weich und hell bleiben.

Biskuit aus dem Backofen nehmen und vorsichtig auf ein feuchtes Küchenhandtuch stürzen, er bricht leicht. Sofort gleichmäßig mit dem Sirup tränken. Den Biskuit nun einrollen und – eingewickelt in das Küchenhandtuch – abkühlen lassen.

Nun die Maronencreme für die Füllung zubereiten. Die bei Zimmertemperatur aufgeweichte Butter mit der Küchenmaschine oder dem Handrührgerät cremig rühren. Dann die Maronenpaste und den Kognak zugeben und das Ganze mit der Küchenmaschine zu einer homogenen Masse verarbeiten.

Biskuit entrollen. 2 Drittel der Maronencreme gleichmäßig darauf verteilen. Den Biskuit wieder einrollen. Mit der Abschlusskante nach unten auf eine Platte legen, dann ringsum mit der restlichen Creme bestreichen. Mit den Zinken einer Gabel ein Rindenmuster in die Creme zeichnen.

Mindestens 12 Stunden in den Kühlschrank stellen, damit die Creme fest wird.

Vor dem Servieren mit den Süßigkeiten, den kleinen Baisers und den kandierten Maronen verzieren.

Variante: Man kann den Biskuitteig auch mit Kakao verfeinern. Dazu 2 EL Kakaopulver (ungezuckert) unter das Mehl mischen.

Obst-Buttercremetorte

Für 8 Personen
ZUBEREITUNG: 1 1/2 Std.
RUHEZEIT: 1 Std. im Kühlschrank

500 g Erdbeeren
250 g rote Johannisbeeren
1 runder Biskuit (22 cm Durchmesser)

SIRUP
150 g Zucker
300 ml Wasser
1 EL Kirschwasser

BAISER-BUTTERCREME
3 Eiweiße
200 g Zucker
1 Prise Salz
220 g Butter
2 EL Kirschwasser

GARNIERUNG
250 g Himbeergelee
einige Himbeeren
einige Kirschen
einige rote Johannisbeeren
einige weiße Johannisbeeren

Für den Sirup Zucker und Wasser in eine Schüssel geben und zum Sieden bringen. Dabei mit dem Schaber umrühren, bis sich der Zucker vollständig aufgelöst hat; dann bei mittlerer Hitze 6 Minuten kochen (es entsteht ein klarer Sirup). Vom Herd nehmen, Kirschwasser unterrühren und beiseite stellen.

Für die Baiser-Buttercreme die Eiweiße mit dem Zucker und dem Salz in eine Schüssel geben. Schüssel in ein warmes Wasserbad stellen und Zutaten zu einem glänzenden, cremigen und festen Schaum aufschlagen. Abkühlen lassen.

Butter cremig rühren. Kirschwasser zugeben, dann nach und nach die erkaltete Baisermasse untermischen.

Erdbeeren waschen, abtrocknen und putzen. 10 ganze Beeren für die Garnierung aufbewahren, die restlichen Früchte der Länge nach halbieren. Johannisbeeren von den Stielen zupfen und waschen.

Biskuit mit einem scharfen Messer (oder Elektromesser) waagerecht in 3 Schichten zerteilen. Die unterste Schicht auf eine Kuchenplatte legen. Mithilfe eines Pinsels mit dem Kirschwassersirup tränken, dann eine etwa 1 1/2 Zentimeter dicke Schicht Buttercreme auftragen. Im Wechsel mit der Hälfte der Erdbeeren und einigen Johannisbeeren belegen. Am Rand beginnen und die Erdbeeren mit der Schnittfläche nach oben legen. Zweite Biskuitschicht darauf legen, wiederum mit Sirup tränken, mit der restlichen Creme bestreichen und die verbliebenen Früchte darauf verteilen. Torte mit der dritten Lage Biskuit abschließen. Tortenrand sorgfältig abstreichen.

Torte 1 Stunde lang im Kühlschrank fest werden lassen.

Falls nötig, das Himbeergelee mit etwas Kirschwasser glatt rühren. Die Torte damit bestreichen. Erdbeeren in Scheiben schneiden und mit den anderen Früchten auf der Torte verteilen. Torte kühl servieren.

[Englische Creme]

Englische Creme ist ein wunderbarer Begleiter für Brioches, Sandkuchen, Biskuits und Schnee-Eier und eignet sich ebenso zum Bestreichen von Puddings, Reiskuchen, Charlottes und sogar zur Eisherstellung.

Für 6 Personen
1 Liter Milch
Aroma nach Wahl: Vanilleschote oder Kaffee-Extrakt, Kakao, Karamell
6 Eigelbe
125 g Zucker

Zubereitung
Milch zum Kochen bringen und die längs halbierte Vanilleschote oder ein anderes Aroma zugeben. Einige Minuten ziehen lassen. Eigelbe in eine Schüssel geben, den Zucker darüber rieseln lassen und mit einem Spatel schaumig rühren. Dann vorsichtig die kochende Milch in kleinen Portionen zugeben. Dabei ständig rühren, damit die Eigelbe nicht gerinnen. Die Masse in einen Topf geben und unter Rühren bei geringer Hitze andicken lassen. Sie darf nicht kochen. (Wenn die Creme zu heftig kocht, „kippt sie um". In diesem Fall sofort in ein kaltes Gefäß geben, abkühlen lassen und kräftig mit dem Schneebesen oder dem Handrührgerät bearbeiten.) Wenn der Schaum vollständig verschwunden ist und die Creme breit über den Löffel fließt, ist sie fertig. Sofort in eine kalte Schüssel umfüllen, um den Kochvorgang zu beenden.

Aufbewahrung
Englische Creme hält sich bis zu 12 Stunden im Kühlschrank.

Feigen mit Mandelmilch ▸

Für 4 Personen
Zubereitung: 20 Min.
Kochzeit Englische Creme: 15 Min.

8 frische Feigen

Englische Creme
500 ml Milch
1 Vanilleschote
4 Eigelbe
60 g Zucker
2 Tropfen Bittermandelextrakt

Geschlagene Sahne
200 ml Sahne
50 g Puderzucker
2 Tropfen Bittermandelextrakt

Garnierung
50 g Mandelblätter

Englische Creme zubereiten (s. S. 81). Bittermandelextrakt unter die erkaltete Creme rühren und diese in den Kühlschrank stellen.

Feigen waschen und in Blütenform aufschneiden.

Sahne steif schlagen (s. S. 95), dabei Bittermandelextrakt und Puderzucker gleichzeitig zugeben. In einen Spritzbeutel mit Sterntülle (1 Zentimeter Durchmesser) füllen und in die Feigenblüten spritzen. Feigen kalt stellen.

Englische Creme in Dessertschalen anrichten und jede Schale mit 2 Sahnefeigen dekorieren. Diese mit den Mandeln garnieren.

Marquise au chocolat

Für 8 bis 10 Personen
Zubereitung: 45 Min.
(am Vortag beginnen)
Kochzeit: etwa 15 Min.
Kühlzeit: 10 Std.

Marquise
250 g Bitterschokolade
3 EL Wasser
125 g Butter
3 Eier
100 g Puderzucker
einige Tropfen Vanille- oder Kaffee-Extrakt
etwas Butter für die Form

Englische Creme
250 ml Milch
2 Eigelbe
50 g Zucker
einige Tropfen Vanille- oder Kaffee-Extrakt

Garnierung
Schokostreusel

Für die Marquise Schokolade mit dem Wasser im Wasserbad (oder der Mikrowelle) schmelzen. Sobald sie geschmolzen ist, aus dem Wasserbad nehmen.

Butter cremig rühren. Eier trennen. Das Eiweiß steif schlagen.

Die Eigelbe nacheinander unter die cremige Butter rühren. Den gesiebten Puderzucker zufügen und den Teig kräftig rühren. Zuerst die geschmolzene Schokolade, dann den Vanille- oder Kaffee-Extrakt zugeben, dabei weiter kräftig rühren. Die Schokoladenmasse vollständig erkalten lassen, danach den Eischnee unterziehen.

Eine Form mit hohem Rand einfetten und die Masse hineingeben. 10 Stunden in den Kühlschrank stellen.

Für die Englische Creme die Milch auf dem Herd kurz aufwallen lassen. In einem weiteren Topf Eigelbe und Zucker cremig rühren, die heiße Milch zugeben und die Masse bei geringer Hitze andicken lassen. Dabei ständig rühren. Vom Herd nehmen, bevor die Creme zu kochen beginnt. Sie muss breit über den Löffel fließen. Erkalten lassen, dann den Vanille- oder Kaffee-Extrakt zugeben.

Um die Marquise aus der Form zu lösen, diese kurz in warmes Wasser tauchen. Auf eine Platte stürzen und mit den Schokostreuseln garnieren. Mit der Englischen Creme servieren.

Schnee-Eier

Für 6 bis 8 Personen
Zubereitung: 25 Min.
Garzeit: 10 Min.

Englische Creme
1 Liter Milch
1 Vanilleschote
6 Eigelbe
150 g Zucker

Karamell
15 Stück Würfelzucker
etwas Wasser

Schnee-Eier
6 Eiweiße
1 Prise Salz

Englische Creme zubereiten (s. S. 81), dabei die Eiweiße aufbewahren.

Einen hellen Karamell zubereiten. Dazu den mit Wasser getränkten Würfelzucker kochen (s. S. 15).

Währenddessen die Schnee-Eier zubereiten. Dazu das Eiweiß mit einer Prise Salz sehr steif schlagen. Einen großen Topf mit kaltem Wasser füllen und dieses zum Kochen bringen. Mithilfe von 2 EL Nocken aus dem Eischnee stechen und im kochenden Wasser pochieren.

Nacheinander auf Küchenkrepp abtropfen lassen. Erkaltete Creme in eine Schale geben. Die Schnee-Eier darauf anrichten. Mit einem Karamellgitter dekorieren und sofort servieren.

◂ Bayerische Creme

Für 6 Personen
Zubereitung: 45 Min.
Kochzeit: 20 Min.
Ruhezeit: 6 Std. im Kühlschrank

250 ml Sahne
1 Vanilleschote
250 ml Milch
3 Eigelbe
250 g Zucker
6 Blätter Gelatine
400 g Himbeeren
50 ml Himbeergeist
(nach Wunsch)

Sahne steif schlagen und kalt stellen.

Vanilleschote längs halbieren, in die Milch geben und das Ganze zum Kochen bringen. 10 Minuten ziehen lassen, dann die Vanilleschote herausnehmen.

Eigelbe mit 125 Gramm Zucker schaumig schlagen. Unter Rühren langsam die warme Milch zugeben. In den Topf zurückgießen und bei geringer Hitze unter Rühren andicken lassen. Vom Herd nehmen, bevor die Creme zu kochen beginnt.

Gelatine einige Minuten in kaltem Wasser einweichen. Auswringen und unter die warme Creme rühren.

Creme durch ein Sieb streichen und erkalten lassen. Dabei gelegentlich umrühren, damit sich keine Haut bildet. Wenn die Creme kalt ist, die geschlagene Sahne unterheben.

Eine Form mit 20 Zentimeter Durchmesser mit kaltem Wasser ausspülen, die Creme hineingeben und das Ganze auf möglichst ebener Fläche 6 Stunden in den Kühlschrank stellen.

Himbeeren vorbereiten (s. S. 18). 100 Gramm für die Garnierung aufbewahren, den Rest mit dem Zauberstab oder der Küchenmaschine pürieren. Den restlichen Zucker und nach Wunsch etwas Himbeergeist zufügen.

Die Creme zum Servieren auf eine Platte stürzen und mit den Himbeeren garnieren. Die Sauce getrennt dazu reichen.

[Konditorcreme]

Konditorcreme wird als Tortenbelag, Füllung für Kuchen und Crêpes und für andere süße Köstlichkeiten verwendet; empfehlenswert ist, nach dem Kochen fein gemahlene Mandeln in die Creme zu geben. Bei der Zubereitung sollte man besonders darauf achten, dass keine Klümpchen entstehen und dass die Creme nicht ankocht. Dazu die Creme bei geringer Hitze zum Kochen bringen und ständig rühren – dabei Topfseiten und Boden nicht vergessen.

2 Eier
4 Eigelbe (oder 4 ganze Eier
für eine festere Creme)
150 g Zucker
125 g Mehl
1 Liter Milch
Aroma nach Wahl: Vanille, Schokolade,
Kaffee, Karamell usw.

Zubereitung
Milch in einem Topf zum Kochen bringen und nach Wunsch aromatisieren. Eier verquirlen und mit dem Zucker cremig schlagen. Das Mehl unter die Eier-Zucker-Mischung rühren, dann unter ständigem Rühren die heiße Milch nach und nach zugeben. Das Ganze in einen Topf gießen und bei geringer Hitze langsam zum Kochen bringen. Sobald die Masse aufkocht, vom Herd nehmen. Damit sich beim Abkühlen keine Haut auf der Creme bildet, die warme Creme mit Zucker bestreuen.

Aufbewahrung
Konditorcreme kann man bis zu 12 Stunden im Kühlschrank aufbewahren.

Erdbeertorte mit Baiserhaube

Für 8 Personen
ZUBEREITUNG: 40 Min.
BACKZEIT BAISER: 5 Min. bei 240 °C

300 g reife, aromatische Erdbeeren oder Walderdbeeren
1 Biskuitboden (4-eckig mit 20 cm Seitenlänge oder rund mit 22 cm Durchmesser)

KONDITORCREME MIT KIRSCHWASSER
1 Ei
2 Eigelbe
80 g Zucker
50 g Speisestärke
500 ml Milch
1 EL Kirschwasser
80 g Butter

SIRUP MIT KIRSCHWASSER
125 ml Wasser
125 g Zucker
3 EL Kirschwasser

BAISERMASSE
1 Eiweiß
50 g Zucker
1 Prise Salz

Konditorcreme (s. S. 87) mit Kirschwasser zubereiten: die Creme nach dem Kochen vom Herd nehmen, das Kirschwasser und die in Stücke geschnittene Butter zugeben. Creme erkalten lassen, dabei gelegentlich umrühren.

Für den Sirup das Wasser und den Zucker 1 Minute lang kochen. Abkühlen lassen, dann das Kirschwasser zugeben.

Erdbeeren waschen, abtrocknen und putzen. Größere Früchte in Stücke schneiden. Einige ganze Früchte für die Garnierung beiseite stellen.

Für die Baisermasse Eiweiß, Zucker und Salz im Wasserbad mit einem elektrischen Handrührgerät zu einer cremigen, glänzenden Masse schlagen.

Ein Stück feste Pappe auf die Größe des Biskuits als Unterlage zurechtschneiden; damit lässt sich der mit Baisermasse bestrichene Kuchen besser transportieren.

Backofen auf 240 °C vorheizen.

Biskuitboden waagerecht in der Mitte durchschneiden. Die untere Hälfte auf die Pappe legen.

Diese mithilfe eines Pinsels mit Sirup tränken, dann mit der Konditorcreme bestreichen. Die Erdbeeren gleichmäßig auf der Creme verteilen und andrücken.

Die zweite Biskuithälfte darauf legen und ebenfalls mit Sirup tränken.

Nun die Baisermasse mit einem Schaber ringsum auf die Torte verteilen und glatt streichen.

Baiserhaube 5 Minuten im Backofen bräunen, dann mit einem heißen Spieß ein Gittermuster auf die Torte zeichnen.

Die Torte vor dem Servieren mit Erdbeerhälften dekorieren.

Neapolitanische Torte

Für 6 Personen
Zubereitung: 50 Min.
(am Vortag beginnen)
Backzeit Biskuit: 30 Min. bei 200 °C
Backzeit gesamtes Dessert:
15 Min. bei 180 °C

Biskuit
4 Eier
125 g Zucker
100 g gesiebtes Mehl
60 g zerlassene Butter
etwas Mehl für die Form
etwas Butter für die Form

Konditorcreme mit kandierten Früchten
3 Eigelbe
100 g Zucker
50 g Mehl
500 ml Milch
250 g klein geschnittene kandierte Früchte
1 Likörglas Kirschwasser oder
2 Likörgläser Maraschino

Sirup
100 ml Wasser
50 g Zucker
1 Portoglas Kirschwasser oder
2 Portogläser Maraschino

Baisermasse
3 Eiweiße
125 g Zucker

Garnierung
einige Belegkirschen
einige kleine Stücke kandierte Angelika (Engelwurz)

Am Vortag die klein geschnittenen kandierten Früchte in dem Alkohol Ihrer Wahl einweichen.

Für den Biskuit (am Tag selbst zubereiten) den Backofen auf 200 °C vorheizen.

Die Eier und den Zucker im Wasserbad so lange schlagen, bis die Masse ihr Volumen verdoppelt hat und breit vom Löffel läuft. Schüssel aus dem Wasserbad nehmen und mit einem Holzlöffel rasch das Mehl und die Butter unterarbeiten. Teig in eine eingefettete und mit Mehl bestäubte Form mit 20 Zentimeter Durchmesser geben und 30 Minuten backen.

Für die Konditorcreme die Eier mit dem Zucker cremig schlagen, das Mehl darüber sieben und unter Zugabe von 1 bis 2 EL kalter Milch unterrühren. Die restliche Milch zum Kochen bringen und vorsichtig unter die Masse mengen. Creme zum Andicken bei geringer Hitze aufkochen, dabei ständig mit einem Holzlöffel rühren. Sobald sie aufkocht, vom Herd nehmen. Abkühlen lassen, dann die in Alkohol eingeweichten Früchte zugeben.

Für den Sirup das Wasser mit dem Würfelzucker aufkochen. Vom Herd nehmen und den Alkohol Ihrer Wahl zugeben.

Für die Baisermasse die Eiweiße sehr steif schlagen, dann den Zucker zugeben und noch ein wenig weiter schlagen. Backofentemperatur auf 180 °C reduzieren. Den Biskuit waagerecht in 2 Hälften durchschneiden und die untere Hälfte auf den Boden einer Springform setzen. Mit der Hälfte des Sirups tränken und die Konditorcreme darauf verteilen. Die zweite Biskuithälfte darauf setzen und mit dem restlichen Sirup tränken. Torte ringsum mit der Baisermasse bestreichen und mit den Belegkirschen und der Angelika garnieren. Baiser im Ofen 15 Minuten hellgelb backen. Dessert kalt servieren.

Biskuit mit Feigencreme

Für 8 Personen
ZUBEREITUNG: 1 Std.
BACKZEIT BISKUIT: 20 bis 25 Min. bei 200 °C
RUHEZEIT: 2 Std. im Kühlschrank

BISKUIT
4 Eier
125 g Zucker
1 Prise Salz
125 g Mehl
60 g zerlassene Butter
etwas Mehl für die Form
etwas Butter für die Form

FEIGENCREME
1 Ei
2 Eigelbe
80 g Zucker
30 g Mehl
20 g Speisestärke
400 ml Milch
1/2 Vanilleschote
2 Blätter Gelatine
2 EL süßer Dessertwein (z. B. frz. Banyuls)
6 frische Feigen (lila)

GARNIERUNG
3 EL Feigenkonfitüre
1 EL süßer Dessertwein (z. B. frz. Banyuls)
2 frische Feigen
Orangenzesten (nach Wunsch)

Für den Biskuitteig die Eier in eine Schüssel schlagen, dann Zucker und Salz zugeben. Die Mischung bei sanfter Hitze im Wasserbad mit dem Schneebesen schaumig schlagen (das Wasser darf nicht kochen), bis die Masse ihr Volumen verdreifacht hat und cremig und hellgelb ist.

Backofen auf 200 °C vorheizen.

Das Mehl über den Teig sieben und vorsichtig unterheben. Dann die Butter zugeben und so schnell und sanft wie möglich unterziehen. Dabei sollte die Masse sämig bleiben und nicht zusammenfallen.

Eine Springform (22 Zentimeter Durchmesser) einfetten und mit Mehl bestäuben. Den Teig hineingeben. 20 Minuten auf der mittleren Backofenschiene backen. Um zu überprüfen, ob der Biskuit gar ist, mit einem Messer in die Mitte stechen: Es darf kein Teig daran haften bleiben. Die Backzeit bei Bedarf um einige Minuten verlängern. Den Biskuit nach dem Backen direkt aus der Form lösen und auf einem Gitter abkühlen lassen.

Konditorcreme zubereiten (s. S. 87). Die Gelatine in kaltem Wasser einweichen. Den Wein in einem kleinen Topf erhitzen und die ausgewrungene Gelatine darin auflösen. Das Ganze in die Konditorcreme rühren. Diese dann in eine große gekühlte Schale geben, ein wenig abkühlen lassen und in den Kühlschrank stellen. Die Feigen schälen, würfeln und zu der vollständig erkalteten Creme geben. Die Creme bis zur Weiterverarbeitung im Kühlschrank aufbewahren.

Für die Fertigstellung des Kuchens den Biskuit waagerecht in 2 Hälften schneiden. Den unteren Teil auf eine Kuchenplatte legen, mit der Creme bestreichen und den oberen Teil darauf legen.

Für die Glasur die Konfitüre mit dem Wein verrühren und den Kuchen damit bestreichen. Dabei darauf achten, dass nichts an den Rändern herunterläuft.

Den Kuchen bis zum Anrichten kalt stellen.

Kurz vor dem Servieren die Feigen waschen, in dünne Scheiben schneiden und auf dem Kuchen verteilen. Nach Wunsch mit einigen Orangenzesten garnieren.

Andalusischer Kuchen

Für 8 Personen
Zubereitung: 40 Min.
Backzeit: 20 bis 30 Min.

250 g Zucker
250 ml Wasser
2 unbehandelte Orangen
125 g Mandelblätter
1/2 Glas Aprikosenkonfitüre
50 ml Grand Marnier
1 Biskuitboden
(24 cm Durchmesser)

Konditorcreme
250 ml Milch
1 Ei
1 Eigelb
50 g Zucker
2 EL Speisestärke
1 EL Zucker zum Bestreuen

In einem großen Topf den Zucker im Wasser auflösen.

Orangen waschen und sorgfältig abbürsten, in Scheiben schneiden und in den Topf legen. 20 bis 30 Minuten sieden lassen, um die Orangen zu kandieren, diese dann im Sirup abkühlen lassen.

Für die Konditorcreme die Milch erhitzen. Ei, Eigelb und den Zucker in einer Schüssel cremig schlagen. Speisestärke zugeben, dann alles mit der Milch verrühren. Masse in einen Topf geben und bei geringer Hitze andicken lassen, dabei ständig mit einem Holzlöffel umrühren. Vom Herd nehmen und in eine Schüssel gießen. Creme mit 1 EL Zucker bestreuen, damit sich keine Haut bildet. Abkühlen lassen.

Mandelblätter auf einem Backblech verteilen und auf der obersten Backofenschiene leicht bräunen (oder ohne Fett in einer beschichteten Pfanne anrösten). Beiseite stellen.

Aprikosenkonfitüre in einen Topf geben und bei kleiner Hitze flüssig werden lassen. Falls nötig, 2 oder 3 Löffel von dem Orangensirup unterrühren. Dann vom Herd nehmen.

100 Milliliter Orangensirup abnehmen und mit Grand Marnier verrühren. 1 EL Sirup unter die Konditorcreme rühren.

Biskuitboden waagerecht durchschneiden und die untere Hälfte auf eine Kuchenplatte legen. Mit der Hälfte des Grand-Marnier-Sirups tränken und mit der Konditorcreme bestreichen. Obere Hälfte mit dem restlichen Sirup tränken, dann auf den Kuchen legen.

Den gesamten Kuchen ringsum mit der Konfitüre bestreichen, dann mit den kandierten Orangen belegen. Konfitüre auch an den Seiten verteilen und diese mit den Mandeln garnieren. Kuchen bis zum Servieren kalt stellen.

Erdbeertarte mit Pistazien

Für 8 Personen
Zubereitung: 30 Min.
Teig blindbacken: 20 Min.
bei 230 °C

300 g Mürbeteig

Konditorcreme
2 Eier
50 g Zucker
1 Päckchen Vanillezucker
30 g Kartoffelstärke
250 ml Milch
20 g Butter
125 g ungesalzene Pistaziensplitter oder ganze abgezogene Pistazien

Belag
500 g Erdbeeren
1 EL Johannisbeergelee
1 EL Kirschwasser

Ofen auf 230 °C vorheizen.

Teig 3 Zentimeter dick ausrollen. Eine Tarteform (26 Zentimeter Durchmesser) damit auslegen. Überstehenden Teig zu einer Rolle umschlagen und mit dekorativen Einkerbungen versehen. Den Teig mit Backpapier belegen und mit getrockneten Hülsenfrüchten beschweren. 20 Minuten blindbacken, bis der Teigrand goldbraun ist.

Konditorcreme zubereiten (s. S. 87).

Vom Herd nehmen, die Butter in kleinen Stücken unterrühren, damit sich keine Haut bildet, dann 100 Gramm Pistazien beimengen. Abkühlen lassen.

Backpapier und Hülsenfrüchte vom Tarteboden nehmen und die Pistaziencreme darauf verteilen.

Erdbeeren waschen und putzen, der Länge nach halbieren und rosettenförmig auf der Tarte verteilen. Johannisbeergelee mit dem Kirschwasser verrühren, die Tarte mit dieser Glasur bestreichen und mit den restlichen Pistazien garnieren. Vor dem Servieren auf einer runden Kuchenplatte anrichten.

[Schlagsahne]

Schlagsahne eignet sich hervorragend zur Garnierung von Eis, Kuchen, Cremes und Tartes und als Füllung von Windbeuteln, Torten, Savarins, Charlottes, Baisers oder Vacherins. Gut schmeckt sie auch zu roten Früchten und eingemachtem Obst. Damit die Schlagsahne auch gelingt, sollte man die folgenden Ratschläge beachten:

- Die Sahne sollte sehr frisch und sehr kalt sein. Mit dem Schneebesen schlägt man sie am besten in einer Schale mit rundem Boden auf, mit dem elektrischen Handrührgerät in einem schmalen, hohen Gefäß. Das Behältnis vor dem Benutzen in den Kühlschrank stellen. Bei hohen Außentemperaturen empfiehlt es sich, das Gefäß beim Schlagen der Sahne in eine Schüssel mit Eiswürfeln zu stellen.
- Verwenden Sie statt normalem Zucker den feineren und leichteren Puderzucker.

Für 4 bis 6 Personen
250 ml gut gekühlte Sahne
50 g Puderzucker
etwas Vanillepulver oder
1 Päckchen Vanillezucker

Zubereitung
Zucker und Vanille(zucker) zur Sahne geben. Möglichst von Hand mit dem Schneebesen aufschlagen. Langsam beginnen, dann heftiger schlagen, damit die Sahne fest wird. Die Sahne ist fertig, wenn sie schaumig und schnittfest ist und an der Oberfläche Spitzen bildet.

Aufbewahrung
Geschlagene Sahne hält sich im Kühlschrank 1 Stunde (danach fällt sie zusammen).

Kaffeevacherin

Für 6 bis 8 Personen
Zubereitung: 35 Min.
Backzeit: 4 Std. bei 120 °C

Baiserböden
2 Eiweiße
50 g Zucker
50 g Puderzucker
2 TL löslicher Instantkaffee

Belag
200 ml Sahne
30 g Puderzucker
2 EL (irischer) Whiskey

Für die Baiserböden die Eiweiße steif schlagen. Wenn sie schaumig, aber noch nicht fest sind, Zucker hineinrieseln lassen und zu steifem Schnee schlagen. Anschließend Puderzucker und Kaffee vermischen und unter die Baisermasse ziehen.

2 Kreise (18 Zentimeter Durchmesser) auf ein eingefettetes Stück Backpapier zeichnen und mit einem Teigschaber mit Baisermasse ausstreichen. Kreise mithilfe eines Spritzbeutels mit der restlichen Baisermasse umranden. 4 Stunden bei sehr geringer Hitze (120 °C) trocknen lassen, dabei den Backofen jeweils 15 Minuten pro Stunde vorheizen, dann abschalten. Wenn die Baisermasse getrocknet ist, aus dem Ofen nehmen und auf eine kalte Oberfläche (z. B. Marmor) setzen, um das Papier abzulösen. Vollständig abkühlen lassen.

Für den Belag Sahne und Zucker mit dem Schneebesen aufschlagen, dann den Whiskey hinzufügen.

Einen Baiserboden mit Sahne bestreichen, dann den zweiten darauf setzen. Vor dem Servieren mit dem Spritzbeutel 5 Sahnehäubchen auf den Vacherin setzen.

Johannisbeer-Mandeltorte ▸

Für 6 Personen
Zubereitung: 40 Min.
Backzeit: 25 Min. bei 200 °C
Ruhezeit: 1 Std. im Kühlschrank

Füllung
200 ml Sahne
30 g Puderzucker
500 g Johannisbeeren
2 EL Johannisbeergelee

Mandelboden
150 g Butter
150 g Zucker
3 Eier
100 g Mehl
50 g gemahlene Mandeln
etwas Butter für die Form

Backofen auf 200 °C vorheizen.

Für den Mandelboden die Butter cremig rühren. Zucker zufügen und zu einer glatten Masse verarbeiten. Eier nacheinander zufügen. Mehl hineinrieseln lassen und die gemahlenen Mandeln untermengen.

2 identische Kuchenformen (20 Zentimeter Durchmesser) einfetten und den Teig darauf verteilen. 25 Minuten backen. Böden nach dem Backen aus der Form nehmen und abkühlen lassen.

Sahne mit dem Zucker steif schlagen (s. S. 95).

Johannisbeeren waschen, trocknen, von den Stielen zupfen und mit dem Johannisbeergelee verrühren.

2 Drittel der Sahne auf einem Kuchenboden verteilen. Mit Johannisbeeren belegen. Zweiten Kuchenboden darauf legen. Mit der restlichen Sahne einen spiralförmigen Kranz auf die Torte setzen (mit dem Spritzbeutel), in der Mitte die restlichen Johannisbeeren verteilen.

Torte vor dem Servieren 1 Stunde im Kühlschrank kalt stellen.

Kaffeetraum

Für 4 Personen
Zubereitung: 10 Min.
Garzeit: 3 bis 5 Min.

3 Eier
1 TL löslicher Instantkaffee
1 EL heißes Wasser
25 g Butter
4 EL Zucker
1 EL brauner Rum
1 EL Kaffee-Extrakt
50 ml H-Sahne
1 EL Puderzucker
einige Walnusskerne

Eier trennen.

Den Kaffee in 1 EL heißem Wasser auflösen.

Butter, Zucker, Rum, Kaffee, Kaffee-Extrakt und Eigelbe im Wasserbad vermengen. 3 bis 5 Minuten rühren, bis die Masse eindickt. Aus dem Wasserbad nehmen und in eine Schüssel mit kaltem Wasser stellen.

Eiweiße sehr steif schlagen und löffelweise zu der Kaffeemasse geben. Dabei ständig rühren. Creme auf 4 kleine Dessertschälchen verteilen.

Die gut gekühlte Sahne steif schlagen, dabei den Puderzucker zugeben.

Creme vor dem Servieren mit Sahnehäubchen garnieren und mit den grob gehackten Walnüssen bestreuen.

Kalt servieren.

Quarkspeise mit Himbeercoulis ▸

Für 4 Personen
Zubereitung: 15 Min.
Ruhezeit: 1 Std.

500 g Speisequark

Himbeercoulis
300 g Himbeeren (frisch oder tiefgekühlt)
50 g Zucker
Saft von 1 Zitrone

Schlagsahne
200 ml H-Sahne
2 EL Puderzucker
1 Päckchen Vanillezucker

Garnierung
16 Himbeeren

Speisequark 1 Stunde in einem Sieb abtropfen lassen.

Für das Himbeercoulis die Himbeeren verlesen und in einem feuchten Tuch rollen, dann mit dem Zucker und dem Zitronensaft pürieren (für ein kernloses Coulis Früchte vorher durch ein Sieb streichen). Kalt stellen.

Sahne steif schlagen (s. S. 95).

Quark in eine Schüssel geben, mit einer Gabel leicht verrühren und vorsichtig die Sahne unterheben.

Quarkspeise auf Dessertgläser verteilen und in den Kühlschrank stellen. Vor dem Servieren aus dem Kühlschrank nehmen und mit je 4 Himbeeren garnieren. Coulis getrennt servieren. Dieses Dessert schmeckt kalt am besten.

Ananas-Bananen-Brunnen

Für 4 Personen
ZUBEREITUNG: 15 Min.

4 Bananen
Saft von 1 Zitrone
4 schöne Ananasringe
30 g Zucker
200 ml frische oder H-Sahne
2 EL Puderzucker
1 EL abgezogene, ungesalzene Pistazien
4 Belegkirschen

2 Bananen schälen. In dicke Scheiben schneiden und mit der Hälfte des Zitronensaftes beträufeln, damit sie nicht braun werden. Ananasringe in Stücke schneiden und auf 4 Desserttellern wieder zusammensetzen. Darauf aus je ein Viertel der Bananenscheiben eine „Mauer" setzen.

Die restlichen Bananen schälen, mit der Gabel zerdrücken und mit dem Zucker und dem verbliebenen Zitronensaft vermischen.

Sahne schlagen. Dabei den Puderzucker zufügen.

2 EL geschlagene Sahne beiseite stellen, den Rest unter das Bananenpüree ziehen. Dieses in die Ananas-Bananen-Brunnen verteilen.

Teller mit den grob gehackten Pistazien dekorieren. Auf jede Portion einen Klecks Sahne setzen und diesen mit einer kandierten Kirsche garnieren.

Kalt servieren.

◂ Schokoladenterrine mit kandierten Orangen

Für 8 Personen
ZUBEREITUNG: 30 Min.
RUHEZEIT: 12 Std. im Kühlschrank

200 g kandierte Orangen (in Streifen oder Scheiben)
4 EL Grand Marnier
400 g Bitterschokolade
2 EL Wasser
150 g Butter
200 frische oder H-Sahne
40 g Puderzucker
125 g gemahlene Mandeln

Kandierte Orangen in Stücke schneiden (1 bis 2 Zentimeter lang). Mit dem Grand Marnier in eine Schüssel geben und bis zur Verwendung beiseite stellen. Gelegentlich umrühren.

Schokolade in Stücke brechen und mit den 2 EL Wasser im Wasserbad zum Schmelzen bringen. Die Butter zugeben und rühren, bis eine sämige Masse entsteht.

Abkühlen lassen.

Sahne schlagen. Puderzucker hinzufügen, wenn die Sahne an der Oberfläche Spitzen zieht; anschließend in mehreren kleinen Portionen unter die Schokoladenmasse ziehen. Zunächst die kandierten Orangen mit dem Grand Marnier unterheben, dann die gemahlenen Mandeln. Eine Kastenform mit Frischhaltefolie auslegen, diese an den Rändern weit überstehen lassen. Schokoladenmasse hineingeben und glatt streichen. Mit der überstehenden Folie bedecken und mindestens 12 Stunden in den Kühlschrank stellen.

Terrine vorsichtig aus der Form nehmen (dazu einfach an der Frischhaltefolie herausheben), auf einer Platte anrichten und sofort servieren.

[Eis]

Im Zeitalter der Tiefkühlgeräte ist Eis ebenso leicht zuzubereiten wie aufzubewahren. Mit wenig Aufwand lassen sich daraus in kürzester Zeit die verschiedensten Köstlichkeiten zaubern. Damit das Eis jedoch gelingt, müssen sowohl die Eismasse als auch ihr Behältnis vor dem Gefrieren gut gekühlt sein. Wenn Sie nicht mit einer Eismaschine arbeiten, müssen Sie das Eis während des Gefrierens mehrmals umrühren. Eiscreme muss etwa 3 Stunden gefrieren, bis sie die richtige Konsistenz hat, Sorbet bzw. Fruchteis benötigt etwa 2 Stunden. Sehr hartes Eis sollte man 10 bis 15 Minuten vor dem Verzehr aus dem Gefrierfach nehmen. Anrichten kann man das Eis entweder mit einem Eisportionierer oder mit 2 Esslöffeln. Mit dem einen formt man die Kugeln, mit dem anderen schiebt man diese in den Eisbecher. Ebenso dekorativ sieht es aus, wenn man das Eis mit einem Löffel in großen Spänen von der Oberfläche „hobelt".
Eiscreme und Sorbet kann man im Tiefkühler bei –24 °C 1 bis 2 Monate lang aufbewahren.

Eiscreme

Für 1 Liter Eiscreme
500 ml Milch (nach Wunsch mit Schokoladen-, Vanille-, Kaffee- oder Zimtgeschmack usw.)
4 bis 6 Eigelbe
100 bis 120 g Zucker

Zubereitung
Mit der (aromatisierten) Milch, dem Eigelb und dem Zucker eine Englische Creme zubereiten (s. S. 81). Filtern und abkühlen lassen. Das Eis wird noch sämiger, wenn Sie einen Teil der Milch durch flüssige oder geschlagene Sahne oder glatt gerührten Quark ersetzen und diese erst nach dem Abkühlen unterheben.

Eiscreme mit Früchten

Eiscreme mit Fruchtgeschmack ist ganz leicht zuzubereiten. Rühren Sie einfach püriertes Obst unter die erkaltete (und aromatisierte) Englische Creme. Für 1 Liter Englische Creme (s. S. 81) benötigen Sie 300 bis 400 Gramm püriertes Obst. Prinzipiell kann man dazu jedes Obst verwenden, doch einige Besonderheiten gilt es, zu beachten. In jedes Püree gehört ein wenig Zitronensaft, damit es nicht oxidiert.
Obst mit weichem Fruchtfleisch oder sehr reifes Obst (Pfirsiche, Bananen, Erdbeeren, Himbeeren, Mangos) kann man einfach pürieren, nachdem man Schale, Kerne oder Steine entfernt hat.
Obst mit festem Fleisch oder trockenes Obst (Äpfel, Birnen, Aprikosen, Pflaumen) vor dem Pürieren mit etwas Wasser, Sirup oder Wein kochen.
Obst mit einem hohen Wasseranteil (Trauben, schwarze Johannisbeeren, Zitrusfrüchte) auspressen oder entsaften oder 5 Minuten kochen und dann pressen und filtern.

Fruchteis aus pürierten Früchten

Bei der Vorbereitung des Obstes beachten Sie bitte dieselben Hinweise wie bei der Zubereitung von Eiscreme mit Früchten.

Für 1 Liter Fruchteis
200 g Zucker
Saft von 1 Zitrone
4 EL Wasser
700 bis 800 g püriertes Obst

Zubereitung
Aus dem Zucker, dem Zitronensaft und dem Wasser einen Sirup kochen (2 bis 3 Minuten, s. S. 15)). Sirup abkühlen lassen, dann das pürierte Obst unterrühren.

Sorbet aus Fruchtsaft oder flüssigem Fruchtpüree

Bei der Vorbereitung des Obstes beachten Sie bitte dieselben Hinweise wie bei der Zubereitung von Eiscreme mit Früchten. Sorbets auf der Basis von Fruchtsaft oder flüssigem Obstpüree werden etwas weicher, wenn man während des Gefriervorgangs ein steif geschlagenes Eiweiß unterzieht.

Für 1 Liter Sorbet
750 ml Fruchtsaft
375 g Gelierzucker

Zubereitung
Fruchtsaft 5 Minuten mit dem Zucker kochen. Sie können auch den reduzierten Saft von Früchten (Pfirsiche, Birnen) verwenden, die in Wein oder Sirup gekocht wurden. Sorbet mit den Früchten servieren.

Rhabarbereis ▸

Für 8 Personen
ZUBEREITUNG: 30 Min.
KOCHZEIT: 20 bis 25 Min.
RUHEZEIT RHABARBER: 2 Std.
GEFRIERZEIT: 3 bis 4 Std.

500 g Rhabarber
100 g grober Zucker

ENGLISCHE CREME
750 ML MILCH
1/2 Vanilleschote
6 Eigelbe
150 g Zucker
200 ml Sahne

Englische Creme zubereiten (s. S. 81). Abgekühlte Creme durch ein Haarsieb passieren, um auch kleinste Klümpchen zu entfernen; anschließend die Sahne unterrühren. Die Creme bis zur Verwendung in den Kühlschrank stellen.

Den Rhabarber schälen, in kleine Stücke schneiden und in eine Schüssel schichten, dabei jede Schicht mit grobem Zucker bestreuen. 2 Stunden ziehen lassen.

Den Inhalt der Schüssel in einen Topf geben. Bei mittlerer Hitze etwa 20 Min. kochen lassen, dabei gelegentlich umrühren. Das Kompott vollständig abkühlen lassen, dann pürieren und unter die Englische Creme ziehen.

Die Masse in die Eismaschine geben und 3 bis 4 Stunden in den Tiefkühler stellen (Gebrauchsanweisung beachten).

Fertiges Eis in eine Dose umfüllen und bis zum Verzehr im Tiefkühlfach aufbewahren.

Eis in Dessertschalen servieren. Dazu Kekse reichen.

Alaskatorte

Für 8 bis 10 Personen
ZUBEREITUNG: 30 Min.
GEFRIERZEIT: 30 Min.
BACKZEIT: 10 Min. bei 260 °C

1 Liter Eis
(Sorte nach Wunsch: Vanille, Schokolade, Erdbeere, Malaga)
4 Eiweiße
200 g Puderzucker
2 Päckchen Vanillezucker
1 Biskuitboden (18 bis 20 cm Durchmesser)
4 EL Rum

ZUM FLAMBIEREN
3 EL Rum
1 Stück Würfelzucker

Das Eis in eine Schüssel füllen, die denselben Durchmesser wie der Biskuitboden hat, und es leicht andrücken. 30 Minuten im Tiefkühler fest werden lassen.

Eiweiße mit 150 Gramm Puderzucker zu Eischnee schlagen. Wenn die Baisermasse fest zu werden beginnt, den restlichen Puderzucker und den Vanillezucker zugeben. Baisermasse sehr steif schlagen.

Backofen auf 260 °C vorheizen.

Biskuitboden auf eine feuerfeste Platte legen. Mit Rum beträufeln. Schüssel mit dem Eis 20 Sekunden in warmes Wasser halten, abwischen und das Eis auf den Biskuitboden stürzen. Ringsum mit der Baisermasse bestreichen.

Baisermasse im Backofen 10 Minuten bräunen lassen, dabei ständig beobachten.

Zum Servieren den Rum leicht mit dem Zuckerwürfel erwärmen. Bei Tisch im Topf anzünden und über die Torte gießen.

Nougat-Eiskonfekt mit Zichoriencoulis

Für 8 Personen
ZUBEREITUNG: 1 1/2 Std.
GEFRIERZEIT: 8 bis 10 Std.

NOUGAT-EISKONFEKT
75 g Rosinen
1 Likörglas Grand Marnier
75 g abgezogene Mandeln
50 g Walnusskerne
50 g abgezogene Pistazien
200 g Bitterschokolade
150 g Butter
4 Eier
100 g Puderzucker

ZICHORIENCOULIS
5 Eigelbe
80 g Zucker
500 ml Milch
200 ml Sahne
2 EL Zichorienextrakt
(oder löslicher Malzkaffee)

Für das Nougat-Eiskonfekt die Rosinen waschen und in Grand Marnier einlegen. Mandeln, Walnusskerne und Pistazien in kleine Stücke hacken. Bei geringer Hitze ohne Fett in einer beschichteten Pfanne rösten. Abkühlen lassen.

Schokolade in Stücke brechen, mit der Butter im Wasserbad schmelzen und zu einer flüssigen Creme verrühren.

Die Eier trennen und die Eigelbe nacheinander unter die Schokoladenmasse rühren. Das Ganze abkühlen lassen.

Eiweiße mit dem Puderzucker im Wasserbad mit dem Schneebesen schaumig schlagen, bis die Masse fest und glänzend ist.

Geröstete Nüsse, Mandeln und Pistazien sowie die Rosinen unter die Schokolade mischen, dann die Baisermasse unterziehen. In eine mit Backpapier ausgelegte Kastenform geben und 8 bis 10 Stunden in den Tiefkühler stellen.

Nougat 1 Stunde vor dem Servieren in den Kühlschrank stellen. Auf einer länglichen Platte anrichten und in Scheiben schneiden.

Für das Zichoriencoulis die Eigelbe mit dem Zucker verquirlen. Milch und Sahne erhitzen. Die warme Flüssigkeit nach und nach unter Rühren zu der Zucker-Ei-Masse geben. Alles in den Milchtopf füllen und bei geringer Hitze andicken lassen, bis die Creme breit vom Löffel läuft. Sobald die Creme zu kochen beginnt, vom Herd nehmen und Zichorienextrakt zugeben. Coulis bis zum Servieren kalt stellen.

Sehr kalt servieren.

◂ Orangeneisbecher mit Ingwersahne

Für 4 Personen
ZUBEREITUNG: 20 Min.

150 g gemischte kandierte Früchte
50 g Orangeat
1/2 Liter Vanilleeiscreme
2 Orangen
25 g Zucker
2 EL Grand Marnier
50 g Puderzucker
1/2 TL gemahlener Ingwer
100 ml H-Sahne

Kandierte Früchte und Orangeat stoßweise in der Küchenmaschine oder mit dem Messer fein hacken.

Mischung in einer flachen Schüssel rasch mit einer Gabel unter das Vanilleeis mengen. Bis zum Anrichten wieder ins Gefrierfach stellen.

Orangen sorgfältig schälen und filetieren, dabei die Kerne entfernen. Die Filets in Stückchen schneiden und mit dem Zucker und dem Grand Marnier in einer kleinen Schüssel vermengen. Bis zur Verwendung kalt stellen.

Puderzucker und gemahlenen Ingwer mischen. Die gut gekühlte Sahne steif schlagen (s. S. 95), dabei im letzten Moment den Ingwer-Puderzucker zugeben.

Eis in Kugeln in 4 Dessertschalen anrichten. Die Orangen mit dem Grand Marnier darauf verteilen und mit der Ingwersahne garnieren. Sofort servieren.

Gefrorenes Kirschsoufflé

Für 8 Personen
Zubereitung: 1 Std.
Gefrierzeit: mindestens 3 bis 4 Std.
Kühlzeit: 1 Std. (vor dem Servieren)

600 g Kirschen
500 ml Sahne
300 g Zucker
100 ml Wasser
3 Eiweiße
1 EL Kirschlikör oder Kirschwasser

Kirschen waschen und entstielen.

Zucker und Wasser zum Kochen bringen. Den Sirup 5 Minuten einkochen lassen. Kirschen zugeben, 8 Minuten kochen und anschließend im Sirup erkalten, dann herausnehmen und abtropfen lassen. Etwa 10 Kirschen für die Garnierung aufbewahren, die restlichen entsteinen und pürieren.

Den Kirschsirup auf die Hälfte einkochen. Er muss dickflüssig sein, darf jedoch nicht karamellisieren. Er ist fertig, wenn man mit 1 TL Sirup in kaltes Wasser gibt und dieser sich zu einem Ballen formt, den man mit den Fingern zusammendrücken kann.

Das Eiweiß in einem großen Gefäß steif schlagen. Dann unter ständigem Schlagen den Sirup langsam hineinlaufen lassen. Der Eischnee gewinnt dabei an Volumen, wird glänzend, rosafarben und sehr fest. Abkühlen lassen.

Die gut gekühlte Sahne schlagen. Die abgekühlte Baisermasse, die Sahne, das Kirschpüree und den Likör vorsichtig vermengen, sodass die luftige Konsistenz erhalten bleibt.

Den Rand einer Souffléform (16 Zentimeter Durchmesser) von außen mit einer Manschette aus Backpapier (60 x 10 Zentimeter) ummanteln. Papier mit Klebeband fixieren. Nun die Soufflémasse, die bis zum Papierrand reichen sollte, hineingeben.

Das Soufflé mindestens 3 bis 4 Stunden gefrieren lassen. Vor dem Anrichten 1 Stunde im Kühlschrank antauen, dann das Backpapier entfernen und das Soufflé mit den restlichen Kirschen garnieren.

Schnelles Eisscheit mit Früchten

Für 6 Personen
Zubereitung: 20 Min.
Kochzeit: 15 Min.
Gefrierzeit: 1 Std.

150 g Zucker
500 ml Wasser
1 unbehandelte Zitrone
1 Vanilleschote
1 Babyananas
1 Mango
2 Kiwis
1 Orange (oder 2 Mandarinen)
1/2 Liter Vanilleeis
1/2 Liter Mango-Passionsfrucht-Sorbet
12 Datteln
50 g ungesalzene, abgezogene Pistazien
3 EL Puderzucker
kandierte Zitronenspalten (nach Wunsch)

Den Zucker mit dem Wasser, der abgeriebenen Schale der Zitrone und ihrem Saft sowie der längs halbierten Vanilleschote und dem ausgekratzten Mark in einen Topf geben. Unter Rühren zum Sieden bringen, bis sich der Zucker vollständig aufgelöst hat, dann bei mittlerer Hitze zu einem Sirup einkochen lassen (etwa 8 Minuten), der jedoch nicht karamellisieren darf.

Ananas, Mango und die Kiwis schälen und in kleine Stücke schneiden (zuvor 3 oder 4 Scheiben Kiwi für die Garnierung beiseite legen). Orange schälen und in Spalten teilen (die Mandarinen vierteln), dabei einige Spalten für die Garnierung aufbewahren. Früchte in den Sirup geben und 5 Minuten pochieren.

Topf vom Herd nehmen und das Obst im Sirup erkalten lassen: Schneller geht es, wenn Sie das Ganze in eine Schüssel geben, die wiederum in einer mit Eiswürfeln gefüllten Schüssel steht.

Vanilleeis und Mango-Passionsfrucht-Sorbet aus dem Tiefkühlfach nehmen und ein wenig weich werden lassen.

Datteln entkernen und in kleine Stücke schneiden.

Früchte abtropfen lassen (Sirup in einer kleinen Flasche kalt stellen und anderweitig verwenden).

In einer Schüssel das Vanilleeis, das Sorbet, die pochierten Früchte, die Datteln und die grob gehackten Pistazien sorgfältig vermengen. In eine Kastenform geben und 1 Stunde ins Gefrierfach stellen. Dann entweder auf eine doppelte Lage reißfeste Alufolie stürzen, einwickeln und zu einem Scheit formen oder in der Form belassen.

Zum Servieren das Scheit auf eine Servierplatte legen (oder aus der Form stürzen) und mit Puderzucker bestäuben. Die Kiwischeiben halbieren und auf das Scheit legen. Die Orangenspalten oder die kandierten Zitronen rund um das Dessert verteilen. Sehr kalt verzehren.

Sorbet-Orangen

Für 6 Personen
ZUBEREITUNGSZEIT: 1 Std.
GEFRIERZEIT: 2 Std.
KÜHLZEIT: 30 Min.

7 große, unbehandelte Orangen mit dicker Schale
40 Stück Würfelzucker (à 5 g)
50 ml Mineralwasser
Saft von 1/2 Zitrone
1 Eiweiß
1 EL Puderzucker

Die Orangen unter fließendem Wasser gründlich abbürsten und abtrocknen.

Die Zuckerwürfel an der Schale einer Orange reiben, um sie zu aromatisieren, und mit dem Mineralwasser und dem Zitronensaft in einen Topf geben. Langsam erhitzen, bis sich der Zucker aufgelöst hat, dann abkühlen lassen.

Bei den restlichen 6 Orangen das obere Drittel abschneiden. Dabei den Rand mit einer Messerspitze im Zickzackmuster gestalten. Das Fruchtfleisch vorsichtig entfernen, ohne die Schale zu beschädigen. Dazu zunächst mit einem spitzen Messer einen Kegel herausschneiden, dann den Rest auslösen. Dabei das Fruchtfleisch und den Saft auffangen.

Das Fruchtfleisch auspressen oder pürieren. Den Saft durchseihen. Man benötigt mindestens 1/2 Liter (bei Bedarf noch den Saft der Orange zugeben, deren Schale verwendet wurde). Den Orangensaft mit dem Sirup mischen, dann in der Eismaschine gefrieren (sollten Sie keine Eismaschine besitzen, Mischung im Tiefkühler gefrieren). Nach 30 Minuten mit einer Gabel durchrühren und wieder in den Tiefkühler stellen.

Bevor die Masse vollständig gefroren ist (nach etwa 1 1/2 Stunden), das Eiweiß zu Schnee schlagen, den Puderzucker hinzufügen und die Masse unter das noch cremige Sorbet ziehen. Wieder ins Gefrierfach stellen.

Die ausgehöhlten Orangen und die Deckel sorgfältig von Fruchtfleischresten und Haut befreien und in den Tiefkühler stellen.

Das Sorbet 30 Minuten vor dem Anrichten aus dem Tiefkühler nehmen und in den Kühlschrank stellen, damit es leicht antauen kann. Dann mit einem Löffel in die Orangenschalen füllen, dabei fest andrücken. Die Deckel darauf setzen und wieder in den Tiefkühler stellen.

Die Sorbet-Orangen auf Desserttellern servieren.

Heißkalte Liebe mit Zwetschgen ▸

Für 4 Personen
ZUBEREITUNGSZEIT: 35 Min.
KOCHZEIT: 20 bis 25 Min. (je nach Reifegrad der Früchte)

500 g Zwetschgen
100 g grober Zucker
1 Vanilleschote
1 unbehandelte Zitrone
100 ml Zwetschgenwasser
4 Kugeln Vanilleeis
1 Kiwi, in dünne Scheiben geschnitten (nach Wunsch)

Zwetschgen waschen und entstielen, dann der Länge nach halbieren und entsteinen. Mit dem Zucker, der längs halbierten Vanilleschote, der fein geriebenen Zitronenschale und dem Zitronensaft in einen Topf geben und bei geringer Hitze 20 bis 25 Minuten bei geschlossenem Deckel garen. Dabei gelegentlich umrühren. Sobald das Ganze die Konsistenz von Kompott hat, das Zwetschgenwasser zugeben. Noch einige Minuten weiterkochen, dann auf 4 Desserttellern anrichten.

Auf jede Portion eine Kugel Vanilleeis setzen und nach Wunsch mit den Kiwischeiben garnieren.

Eisbombe mit Trockenfrüchten

Für 8 bis 10 Personen
ZUBEREITUNG: 1 Std.
KÜHLZEIT: 2 Std.
GEFRIERZEIT: 12 Std.

50 g Sultaninen
50 g Korinthen
50 g getrocknete Aprikosen
50 g entsteinte Datteln
50 g Belegkirschen
50 g Orangeat
100 g Zitronat
50 g kandierte Angelika (Engelwurz)
50 g Mandelblätter
100 ml Kognak
4 Eier
200 g Zucker
400 ml Sahne
einige kandierte Früchte

Trockenobst und kandierte Früchte in kleine Stücke hacken. Mandeln 2 bis 3 Minuten ohne Fett in einer beschichteten Pfanne rösten.

Klein gehacktes Obst und Mandeln in eine Schüssel geben, Kognak hinzufügen und vermengen. Mit Frischhaltefolie abdecken und 2 Stunden in den Kühlschrank stellen.

Eier mit dem elektrischen Handrührgerät schaumig schlagen. Den Zucker zugeben, dabei weiter rühren, bis eine glänzende Masse entstanden ist. Die gut gekühlte Sahne in einer Schüssel mit rundem Boden steif schlagen und vorsichtig unter die Zucker-Ei-Masse ziehen, dann die Früchte mit der Marinade unterheben.

Eine runde, glatte Schüssel mit Frischhaltefolie auslegen und die Creme hineingeben.

Mit Frischhaltefolie abdecken und 12 Stunden in den Tiefkühler stellen.

Vor dem Servieren Frischhaltefolie entfernen, Eisbombe auf eine runde Kuchenplatte stürzen und die restliche Frischhaltefolie entfernen. Mit kandierten Früchten dekorieren und die Bombe mit einem Band verzieren. Sofort genießen.

Cassata

Für 6 Personen
ZUBEREITUNG: 1 Std.
GEFRIERZEIT: etwa 3 Std.

500 ml Vanilleeis
500 ml Schokoladeneis
250 ml Krokanteis
100 g Zucker
3 EL Wasser
2 Eiweiße
1 Prise Salz
100 ml geschlagene Sahne
1 Likörglas Rum
100 g gewürfelte kandierte Früchte
1 EL abgezogene, halbierte Pistazien

Eine große Schüssel mit einer gleichmäßigen Schicht Vanilleeis ausstreichen, dabei das Eis gut andrücken. 10 Minuten in den Tiefkühler stellen. Dann auf der Vanilleeisschicht das Schokoladeneis verstreichen und die Schüssel wiederum 10 Minuten in den Tiefkühler stellen. Als Letztes das Krokanteis auftragen. Die in der Mitte verbleibende Vertiefung ist für die Füllung gedacht. Bis zur Weiterverarbeitung in den Tiefkühler stellen.

Zucker und Wasser in einen kleinen Topf geben. Zum Kochen bringen, dabei ständig beobachten: Beim Eindicken steigen im Sirup Blasen auf, die an der Oberfläche zerplatzen (KLEINER BALLEN, s. S. 15). Während der Sirup kocht, Eiweiße mit dem Salz steif schlagen und zu Eischnee verarbeiten. Warmen Sirup vorsichtig über den Eischnee gießen, dabei bis zum Erkalten der Masse weiter schlagen.

Nun die Sahne, den Rum, die kandierten Früchte und die Pistazien unter die Baisermasse ziehen und das Ganze in die Vertiefung im Eis füllen.

Glatt streichen und mit einem Stück gebuttertem Backpapier abdecken.

Mindestens 3 Stunden gefrieren lassen.

Vor dem Servieren Backpapier entfernen und die Cassata auf eine Platte stürzen.

Roseneis▲

Für 4 Personen
ZUBEREITUNG: 40 Min.
KOCHZEIT ENGLISCHE CREME: 15 Min.
GEFRIERZEIT: 2 bis 3 Std.

500 ml Milch
Blätter einer frischen Rose (unbehandelt)
6 Eigelbe
120 g Zucker
1 EL Honig
50 ml Rosensirup
24 kandierte Veilchen
200 ml Sahne

Milch bei sanfter Hitze mit den Rosenblättern erwärmen. Sobald die Milch zu sieden beginnt, vom Herd nehmen, abdecken und 30 Minuten ziehen lassen.

Eigelb und Zucker cremig schlagen. Mit der abgekühlten, ungefilterten Milch verrühren. Creme in den ausgespülten Topf zurückgeben und bei geringer Hitze so lange rühren, bis sie eine sämige Konsistenz hat. Sie darf auf keinen Fall kochen.

Creme durch ein Sieb streichen und den Honig unterrühren. Erkalten lassen, dann den Rosensirup zugeben.

Die Hälfte der kandierten Veilchen in der Küchenmaschine oder mit dem Nudelholz (in einem Küchenhandtuch) zerbröseln und unter die Creme ziehen.

Die kalte Sahne steif schlagen, dann ebenfalls unter die Creme heben.

In die Eismaschine geben. Diese in den Tiefkühler stellen – die vollständige Eisbereitung dauert etwa 2 bis 3 Stunden (Gebrauchsanweisung beachten).

Zum Servieren das Eis in 4 Dessertschalen anrichten und mit je 3 kandierten Veilchen garnieren. Sofort genießen.

Tipp: Rosensirup erhalten Sie in orientalischen Lebensmittelgeschäften.

[Obstdesserts]

Frisches, reifes Obst ist bereits ohne jede Zubereitung eine Köstlichkeit, doch ebenso dient es über alle Jahreszeiten hinweg als Grundlage für zahllose Rezepte, die man in letzter Minute zaubern oder auch schon im Voraus zubereiten kann.
Bei Rezepten, die mit saisonalen Früchten zubereitet werden, können Sie das Obst je nach Jahreszeit variieren und Ihren Charlottes, Torten und Aufläufen immer wieder ein neues Gesicht verleihen – lassen Sie sich von dem inspirieren, was Markt und Garten hergeben.
Einige Früchte sind jedoch das ganze Jahr über erhältlich und können jederzeit verarbeitet werden, etwa Bananen, Kokosnüsse und natürlich Äpfel, aus denen sich nicht nur köstliche Tartes zaubern lassen. Man hat sie fast immer im Haus, und sie sind Basis für eine unglaubliche Vielfalt von Desserts – einfach oder kompliziert, rustikal oder nach Feinschmeckerart. Desserts sind eine wunderbare Gelegenheit, den Reichtum der Obstgärten zu genießen.

Mit Zabaione gratinierte Früchte

Für 4 Personen
Zubereitung: 10 Min.
Garzeit: 4 Min. im Wasserbad, 8 Min. bei 200 °C, danach 3 Min. unter dem Grill

500 g Obst der Saison
2 Eier
2 Eigelbe
100 g Rohrzucker
50 g Mehl
1 EL Vanillepulver
100 ml Sahne

Backofen auf 200 °C vorheizen.

Obst putzen bzw. schälen, ggf. entkernen, in Würfel schneiden, dann in eine kleine feuerfeste Form schichten.

In einer Schüssel Eier, Eigelbe und Rohrzucker verquirlen, dann Mehl und Vanillepulver zugeben und schaumig rühren, bis die Masse breit vom Löffel läuft. Danach im Wasserbad weitere 4 Minuten schlagen, bis die Masse angedickt ist. Sahne hinzufügen, dabei weiter schlagen. Aus dem Wasserbad nehmen, sobald eine cremige Masse entstanden ist.

Die Zabaione über die Früchte gießen und das Ganze auf der mittleren Backofenschiene 8 Minuten backen. Dann die Grillfunktion des Backofens aktivieren und noch einmal 3 Minuten grillen.

Heiß, warm oder kalt servieren.

Schokoladenfondue

Für 6 bis 8 Personen
Zubereitung: 30 Min.
Kochzeit: 3 Min.

Schokoladenfondue
400 g Bitterschokolade
100 ml Milch
50 g Zucker
200 ml Sahne

Zum Eintunken
1 kg Obst der Saison (Ananas, Bananen, Trauben, Erdbeeren, Kiwis, Kirschen, Birnen, Äpfel, Orangen, Clementinen, Aprikosen usw.)
Saft von 1 Zitrone (bei Bedarf)
1 Sandkuchen, einige Madeleines oder Brioches
2 Pakete weiche Kekse
1 Paket Marshmallows

Das Obst vorbereiten: Früchte putzen oder schälen, Kerne oder Steine entfernen und in kleine Stücke schneiden. Wenn nötig mit Zitronensaft beträufeln, damit sie nicht braun werden. Kuchen und Gebäck in Würfel schneiden und auf dekorative kleine Schälchen verteilen. Holzspieße bereitstellen.

Fonduemasse erst im letzten Augenblick zubereiten. Schokolade zerbrechen und in eine hübsche Schüssel geben. Im Wasserbad oder in der Mikrowelle zum Schmelzen bringen. Sobald sie weich ist, Milch, Zucker und Sahne unterziehen. Rühren, bis die Masse glatt und cremig ist. Vor dem Servieren ein wenig abkühlen lassen.

Nun bereitet sich jeder seine eigenen kleinen Spieße mit Obst, Kuchen und Marshmallows zu und taucht sie rasch in die Schüssel mit der Schokoladensauce. Wenn diese zu fest wird, einfach noch etwas Sahne unterrühren.

Exotischer Obstsalat mit Zimt und Sternanis

Für 6 Personen
ZUBEREITUNG: 20 Min.
KOCHZEIT: 5 Min.
KÜHLZEIT: 2 Std.

SIRUP
12 Stück Würfelzucker (à 5 g)
200 ml Wasser
Saft von 1 Limone
1/2 Vanilleschote
1 kleines Stück Zimtstange
1 Sternanis

SALAT
1 Babyananas
1 reife Mango
1 Papaya
2 Kiwis
1 Limone
2 Bananen

Für den Sirup den Würfelzucker mit dem Wasser und dem Limonensaft in einen Topf geben. Die halbe, längs zerteilte Vanilleschote und das ausgekratzte Mark, den Zimt und den Sternanis hinzufügen. 5 Minuten leicht köcheln, dann mit den Gewürzen abkühlen lassen.

Währenddessen den Salat zubereiten: Ananas und Mango schälen und würfeln. Papaya längs halbieren, die schwarzen Kerne entfernen, das Fruchtfleisch auslösen und in große Würfel schneiden. Kiwis schälen und würfeln. Obst in einer Schüssel mit der abgeriebenen Schale der Limone und mit ihrem Saft vermengen.

Bananen schälen (Fäden abziehen), in dicke Scheiben schneiden und in die Schüssel geben.

Sirup über den Salat gießen. Die Gewürze können Sie je nach Wunsch entfernen oder auch mit in den Salat geben. Alles gut vermengen, abkühlen lassen, mit Frischhaltefolie abdecken und 2 Stunden kalt stellen.

Tipp: Aromatisieren Sie den Sirup mit etwas weißem Rum. Besonders gut schmeckt dieser exotische Obstsalat übrigens, wenn Sie ihn mit einer Kugel Vanilleeis servieren.

Varianten: Sie können diesen Salat auch aus anderen Obstsorten zubereiten oder sich auf eine einzige beschränken – die Variationsmöglichkeiten sind beinahe unbegrenzt. Außerdem können Sie auch frische Früchte mit eingemachtem Obst kombinieren. Machen Sie den Salat dann mit dem Saft aus dem Glas/der Dose an.

Orangen in Portweinsirup ▸

Für 8 Personen
Zubereitung: 30 Min.
(am Vortag beginnen)
Kochzeit: etwa 1 1/2 Std.
Einweichzeit: 12 Std.

8 unbehandelte Orangen
500 g Zucker
500 ml Wasser
250 ml weißer Portwein
einige Blätter frischer Koriander

Am Vortag 5 Orangen waschen. Die Schale von 4 Orangen abreiben. Von der fünften Zesten für die Garnierung ziehen.

Alle Orangen sorgfältig schälen. Nacheinander aufrecht und dicht gedrängt in einen Topf setzen.

Wasser und Zucker zugeben. Orangen mit einem umgedrehten Teller oder kleinerem Topfdeckel beschweren, damit sie nicht nach oben steigen.

Die Früchte bei geringer Hitze 1 Stunde lang köcheln. Abkühlen und 12 Stunden im Sirup ziehen lassen.

Sirup dann in einen kleineren Topf umfüllen. Orangenzesten einige Minuten in kochendem Wasser blanchieren, dann in den Sirup geben. Den Sirup bei geringer Hitze auf die Hälfte einkochen lassen, dann vom Herd nehmen und den Portwein unterrühren.

Die Orangen mit dem Sirup begießen und bis zum Servieren kalt stellen.

Orangen in Dessertschalen anrichten und mit dem Sirup begießen. Mit Korianderblättern und Orangenzesten garnieren.

Apfelpudding

Für 6 bis 8 Personen
Zubereitung: 30 Min.
(am Vortag beginnen)
Kochzeit: 20 Min.
Kühlzeit: 12 Std.

Apfelkompott
4 Äpfel (Boskop, Cox Orange, Renette)
50 g Zucker
1 Päckchen Vanillezucker
20 g Butter
250 g glatt gerührter Speisequark
75 g Zucker
1 Päckchen Vanillezucker
1 großes Glas Fruchtsaft (100 ml) (Orange, Aprikose oder Mischung)
15 Scheiben süßes Hefeweißbrot

Garnierung
1 in Scheiben geschnittener Apfel
1 Belegkirsche

Für das Apfelkompott Äpfel schälen und vierteln. Kerngehäuse entfernen und die Früchte in Scheiben schneiden. Mit dem Zucker, dem Vanillezucker und der Butter in einen Topf geben und mit geschlossenem Deckel bei mittlerer Hitze 10 Minuten köcheln lassen. Dann den Deckel abnehmen und die Äpfel mit einem Holzlöffel zu Kompott verrühren. Dieses bei geringer Hitze unter Rühren noch etwas einreduzieren, dann abkühlen lassen.

Quark mit dem Zucker und dem Vanillezucker in eine Schüssel geben und zu einer lockeren, homogenen Masse verrühren.

Fruchtsaft in einen tiefen Teller gießen. Nacheinander rasch 3 Scheiben Brot darin tränken und den Boden einer Kranz- oder Gugelhupfform (16 Zentimeter Durchmesser) damit auslegen. Nun nacheinander 6 weitere Brotscheiben tränken und die Seitenwände der Form damit auskleiden.

Die Hälfte des Quarks in die Form geben, dann die Hälfte des Kompotts, darüber 3 in Saft getränkte Brotscheiben legen. Den restlichen Quark und das verbliebene Kompott in Schichten darüber verteilen und das Ganze mit 3 getränkten Brotscheiben abschließen.

Einen Teller auf den Pudding setzen und zusätzlich beschweren, dann das Dessert 12 Stunden lang kalt stellen.

Den Pudding zum Servieren auf eine Platte stürzen. Mit Zitronensaft beträufelte Apfelscheiben rund um den Pudding anordnen und Dessert mit der Belegkirsche krönen.

Sommerliche Fruchtspieße

Für 6 Personen
(12 Spieße)
Zubereitung: 40 Min.
Grillzeit: 10 Min.

2 unbehandelte Zitronen
8 schöne Aprikosen
4 Nektarinen
2 Äpfel
2 Birnen
2 Bananen
1 unbehandelte Orange
2 EL neutrales Öl
150 g Zucker

1 Zitrone auspressen. Aprikosen, Nektarinen, Äpfel und Birnen waschen und abtrocknen. Bananen schälen, in große Stücke schneiden und sofort mit Zitronensaft beträufeln, damit sie nicht braun werden. Das restliche Obst halbieren und Steine und Kerngehäuse entfernen. In Viertel oder Achtel schneiden. Die Stücke sollten nicht zu klein sein, sonst zerfallen sie beim Grillen. Mit dem restlichen Zitronensaft beträufeln.

Die zweite Zitrone und die Orange unter fließendem Wasser abbürsten. Aus der Schale Zesten ziehen und die Früchte auspressen.

Die Obststücke mit den Zesten und dem Saft in eine Schüssel geben. Öl zufügen. Bis zur Verwendung ziehen lassen, dabei gelegentlich umrühren.

Vor dem Hauptgang die Spieße vorbereiten. Dazu abwechselnd verschiedene Obstsorten aufstecken.

Spieße unmittelbar vor dem Grillen großzügig mit Zucker bestreuen und 10 Minuten unter dem Backofengrill oder auf dem Grill grillen. Dabei 2- bis 3-mal wenden, damit die Früchte rundum karamellisiert werden. Sofort servieren.

Tipp: Sie können die Spieße auch mit einer Zimt-Zucker- oder einer Vanille-Zucker-Mischung bestreuen, das verleiht ihnen eine angenehme Geschmacksnote.

Ofenbananen

Für 4 Personen
Zubereitung: 15 Min.
Backzeit: 20 Min. bei 240 °C
Einweichzeit: 1 Std.

2 EL Rum
2 EL Sultaninen
4 Bananen
4 EL Zucker
2 Päckchen Vanillezucker
1/2 TL Zimt
50 g Butter
2 EL Pinienkerne
4 Kugeln Malagaeis

Rosinen mit dem Rum in eine Schüssel geben und 1 Stunde einweichen lassen.

Dann den Backofen auf 240 °C vorheizen.

Bananen schälen. Zucker, Vanillezucker und Zimt mischen und auf einen flachen Teller geben. Die Bananen darin wälzen.

Rosinen mit der weichen Butter in der Küchenmaschine grob hacken. 4 rechteckige Stücke Alufolie zurechtschneiden und doppelt falten. Auf jedes Stück eine Banane legen und mit kleinen Rosinen-Butter-Flocken bestreuen. Den auf dem Teller übrig gebliebenen Zucker darüber geben, dann die Pinienkerne hinzufügen. Bananen locker wie ein Bonbon in die Alufolie wickeln. Auf der mittleren Backofenschiene 20 Minuten backen, dann mit eine Kugel Malagaeis in der Folie servieren.

Rhabarbercharlotte

Für 4 bis 6 Personen
Zubereitung: 45 Min.
(am Vortag beginnen)
Kochzeit: 20 Min.
Ruhezeit: 1 1/2 bis 2 Std.
Kühlzeit: 24 Std.

800 g Rhabarber
150 g Zucker
3 Blatt Gelatine
200 ml Sahne
1 Päckchen Vanillezucker
30 Löffelbiskuits

Coulis
250 g Himbeeren
100 g Zucker

Rhabarber schälen und in kleine Stücke schneiden. Mit dem Zucker in einen Topf geben. Bei geringer Hitze 20 Minuten köcheln lassen, bis ein Kompott entstanden ist.

Währenddessen die Gelatine in einer kleinen Schüssel in kaltem Wasser einweichen. Rhabarberkompott vom Herd nehmen, Gelatine auswringen und unter den Rhabarber rühren.

Vollständig erkalten lassen (1 1/2 bis 2 Stunden).

Sahne und Vanillezucker in eine kleine Schüssel geben. Sahne steif schlagen (s. S. 95), dann vorsichtig unter das Rhabarberkompott heben.

Löffelbiskuits keilförmig zuschneiden, Reste aufbewahren. Boden und Seiten einer Charlotte- oder Gugelhupfform (12 bis 14 Zentimeter Durchmesser) mit den Biskuits auslegen. Die runde Seite sollte nach außen zeigen. Zwischenräume mit den Biskuitresten auffüllen, dann die Rhabarbersahne in die Form füllen. Restliche Biskuits sternförmig darauf anordnen. Form abdecken und beschweren. 24 Stunden kalt stellen.

Vor dem Servieren Coulis zubereiten: Himbeeren in ein feuchtes Tuch einwickeln und vorsichtig hin- und herrollen. Einige Früchte für die Garnierung beiseite legen.

Restliche Beeren mit dem Puderzucker in eine Schüssel geben und pürieren.

Charlotte auf einen Teller stürzen und mit den Himbeeren garnieren. Kalt servieren; Coulis getrennt in einer Sauciere reichen.

Crumble mit roten Früchten ▸

Für 6 Personen
Zubereitung: 30 Min.
Backzeit: 30 Min. bei 220 °C

Crumble (Streusel)
125 g Butter
125 g Rohrzucker
200 g Mehl

Obst
500 g gemischte rote Früchte: Johannisbeeren, Himbeeren, Kirschen usw.
100 g Rohrzucker

Backofen auf 220 °C vorheizen.

Für die Streusel in kleine Stücke geschnittene Butter, Rohrzucker und Mehl in einer Schüssel zu einer krümeligen Streuselmasse verarbeiten.

Obst zubereiten: Früchte waschen, entstielen, entsteinen und entkernen. In eine Schüssel geben, Rohrzucker hinzufügen und gut vermengen.

Gezuckertes Obst in eine Auflaufform aus Ton, Porzellan oder Glas geben, dann die Streusel darüber verteilen.

Etwa 30 Minuten backen: Der Crumble ist fertig, wenn die Streusel goldbraun sind.

Crumble lauwarm in der Form servieren.

Wokbananen mit Karamellsauce

Für 4 Personen
Zubereitung: 10 Min.
Garzeit: 10 Min.

4 große, noch leicht grüne Bananen (oder 6 kleine)
1 EL Öl
50 g Butter
1 EL Mandelblätter
100 g brauner Zucker (Farin oder Rohrzucker)
50 ml brauner Rum
4 bis 5 EL Sahne
4 Kugeln Vanilleeis

Bananen schälen, Fäden abziehen und jeweils in 4 bis 5 große Stücke schneiden. Öl und Butter im Wok erhitzen (das Öl verhindert, dass die Butter verbrennt) und darin die Bananen von allen Seiten braten, bis sie weich sind.

Währenddessen die Mandeln ohne Fett in einer beschichteten Pfanne rösten.

Bananen aus dem Wok nehmen und auf einer angewärmten Platte anrichten. Den Zucker (Farin oder Rohrzucker) in den Wok geben und mit dem Schaber umrühren, dann karamellisieren lassen. Wenn die Zuckermasse leicht gebräunt und sirupartig ist, den Rum zugeben und ein- bis zweimal unter Rühren aufkochen lassen. Bei mittlerer Hitze die Sahne hinzufügen und mit einem Holzlöffel unterrühren. Dann die Sauce direkt über die Bananen verteilen.

Bananen mit den gerösteten Mandeln bestreuen und in 4 Dessertschalen anrichten. Je nach Geschmack mit jeweils einer Kugel Vanilleeis heiß, warm oder kalt servieren.

Käsekuchen mit Kirschen

Für 6 bis 8 Personen
Zubereitung: 45 Min.
Backzeit: 10 Min. bei 200 °C + 1 Stunde bei 150 °C
Ruhezeit Teig: 1 Std.
Kühlzeit: 12 Std.

Mürbeteig
100 g Butter
200 g Mehl
50 g Zucker
1 Prise Salz
geriebene Schale von 1/2 Zitrone (unbehandelten)
3 EL Milch

Füllung
750 g Quark
180 g Zucker
1 EL Sahne
3 große Eier
1 gestrichener EL gesiebtes Mehl
geriebene Schale von 1/2 Zitrone (unbehandelt)

Belag
1/2 Glas Sauerkirschen
1 TL Speisestärke

Für den Mürbeteig Butter und Mehl mit den Fingern zu einer feinen, krümeligen Masse verarbeiten. Zucker, Salz und Zitronenschale untermengen und in die Mitte eine Mulde drücken. Dort hinein die Milch geben und nach und nach unter den Teig kneten. Teig zu einer Kugel formen und 1 Stunde im Kühlschrank ruhen lassen.

Backofen auf 200 °C vorheizen.

Teig ausrollen und eine Springform mit 24 Zentimeter Durchmesser damit auslegen (zunächst den Boden, dann den Rand). 10 Minuten vorbacken, dann abkühlen lassen.

Für die Füllung Quark, Zucker und Sahne mit dem elektrischen Handrührgerät glatt rühren, dann die Eier, das Mehl und die Zitronenschale zugeben. Diese Masse in die Form mit dem Mürbeteigboden geben.

1 Stunde bei 150 °C backen, dann bei geschlossener Tür im Backofen abkühlen lassen. Danach Kuchen aus dem Ofen nehmen und nach dem Erkalten 12 Stunden im Kühlschrank ruhen lassen.

Für den Belag die Sauerkirschen abtropfen lassen (bei Bedarf entsteinen). Stärke in ein halbes Glas Kirschsaft (50 Milliliter) einrühren und die Flüssigkeit unter Rühren zum Kochen bringen.

Kuchen auf einer Platte anrichten, die Kirschen darauf verteilen und mit dem angedickten Sirup übergießen.

Käsekuchen kalt servieren.

Gegrillte Pfirsiche mit Honigkuchen

Für 6 Personen
Zubereitung: 15 Min.
Backzeit: 10 Min. bei 210 °C

100 g Butter
6 große, reife gelbe Pfirsiche
200 g Honigkuchen
6 EL Pfirsichlikör
6 EL Zucker
frisch gemahlener Pfeffer
1 Zitrone
6 Kugeln Vanilleeis

Mit der Hälfte der Butter eine Auflaufform großzügig einfetten.

Backofen auf 210 °C vorheizen.

Pfirsiche im Ganzen schälen und in die Form setzen.

Honigkuchen zerkrümeln und um die Früchte herum verteilen. Jeden Pfirsich mit 1 EL Pfirsichlikör übergießen, dann mit jeweils 1 EL Zucker bestreuen und das Ganze mit 2 bis 3 Umdrehungen aus der Pfeffermühle würzen.

Zitrone auspressen und mit dem Saft den Honigkuchen beträufeln, dann restliche Butter in Flöckchen über die Auflaufform verteilen.

10 Minuten lang backen. Aus dem Ofen nehmen und sofort servieren. Jede Portion mit einer Kugel Vanilleeis garnieren.

Bratäpfel mit braunem Zucker

Für 6 Personen
ZUBEREITUNG: 5 Min.
BACKZEIT: 25 bis 30 Min.
bei 210 °C

20 g Butter für die Form
6 große Äpfel (Boskop, Renette)
120 g Butter
120 g brauner Zucker
50 ml Wasser

Backofen auf 210 °C vorheizen.

Eine feuerfeste Form einfetten. Äpfel waschen und mit dem Apfelstecher entkernen. Früchte mit einem spitzen Messer etwa 3 Zentimeter unterhalb des Stils ringsum einritzen, damit sie während des Bratens nicht zerplatzen, dann in die Form setzen. Jeden Apfel mit 20 Gramm Butter und 1 EL braunem Zucker füllen.

Äpfel mit dem restlichen Zucker und kleinen Butterflöckchen bestreuen. Das Wasser in die Form gießen.

Auf der mittleren Backofenschiene 25 bis 30 Minuten backen, bis die Äpfel goldbraun und zart sind. Warm servieren.

Ricottakuchen

Für 6 bis 8 Personen
ZUBEREITUNG: 15 Min.
BACKZEIT: 1 Std. bei 200 °C

2 Eier
500 g Ricotta (oder Quark)
100 g Zucker
1 Prise Salz
geriebene Schale von 1 Orange (unbehandelt)
100 g Mehl
60 g Rosinen
30 g kandierte Früchte
Puderzucker zum Bestäuben

Backofen auf 200 °C vorheizen.

Eier trennen. Ricotta mit dem Zucker und dem Eigelb verrühren, dann Salz, geriebene Orangenschale und Mehl zufügen und Rosinen und kandierte Früchte untermengen. Eiweiße steif schlagen und vorsichtig unter die Ricottacreme ziehen. Den Teig in eine Kuchenform füllen (20 Zentimeter Durchmesser) und 1 Stunde lang backen.

Kuchen nach dem Backen direkt aus dem Ofen nehmen und aus der Form lösen, dann abkühlen lassen. Großzügig mit Puderzucker bestäuben (dazu ein feines Sieb benutzen) und servieren.

Panellets (Mandelküchlein)

Für 7 bis 8 Personen
(etwa 30 Küchlein)
ZUBEREITUNG: 40 Min.
BACKZEIT: 20 Min. bei 220 °C

1 Ei
2 Eiweiße
375 g Zucker
375 g gemahlene Mandeln
1/2 TL Vanilleextrakt
1 EL Wasser
250 g Pinienkerne
etwas Butter für das Blech

Das Ei trennen. Die 3 Eiweiße leicht anschlagen. Zunächst den Zucker, dann die gemahlenen Mandeln und den Vanilleextrakt zugeben. Die Masse sollte nun die Konsistenz von Knetteig haben.

Backofen auf 220 °C vorheizen.

Aus dem Teig mit den Händen walnussgroße Kugeln formen.

Das Eigelb mit dem Wasser anrühren, dann mit den Pinienkerne vermischen, damit sie besser an den Teigkugeln haften. Die Teigkugeln in den Pinienkernen rollen.

Kugeln auf ein eingefettetes Blech legen und 20 Minuten backen, bis die Pinienkerne goldbraun sind. Küchlein warm verzehren, solange sie noch weich sind.

Beschwipste Birnen ▸

Für 6 Personen
ZUBEREITUNG: 20 Min.
GARZEIT: 15 bis 20 Min. (je nach Sorte)

1/2 Liter Rotwein
1 Orange
75 g brauner Zucker
2 Gewürznelken
1/2 Vanilleschote
1 Zimtstange
6 mittelgroße, eher feste Birnen

Einen Topf auswählen, in den die Birnen aufrecht stehend hineinpassen. Darin den Wein, den Saft der Orange, den Zucker und die Gewürze zum Kochen bringen.

Birnen schälen, dabei den Stiel nicht abschneiden. Früchte an der Unterseite kreuzförmig tief einschneiden, sodass sie sich im garen Zustand zu einer Blüte öffnen. Früchte nacheinander in den heißen, gewürzten Wein setzen. Bei geschlossenem Deckel köcheln lassen, bis die Birnen weich sind. Die Früchte sind gar, wenn ein spitzes Messer ohne Widerstand in das Fruchtfleisch gleitet.

Birnen abtropfen lassen und auf einen Teller setzen. Den Birnensirup bei großer Hitze auf ein großes Glas Flüssigkeit einkochen und über die Früchte gießen.

Kalt servieren.

Diplomaten-Pudding mit kandierten Früchten

Für 8 Personen
ZUBEREITUNG: 30 Min.
DÄMPFZEIT: 45 Min. bei 200 °C
KÜHLZEIT: 12 Std.

30 g Butter für die Form
1 EL Zucker zum Bestreuen
200 g Zucker
200 g gemischte kandierte Früchte
3 EL Kirschwasser
1 große Brioche (400 g), ersatzweise süßes Weißbrot
750 ml Milch
5 Eier
1 Päckchen Vanillezucker
einige kandierte Früchte zum Garnieren

Backofen auf 200 °C vorheizen.

Eine Charlotte- oder Gugelhupfform mit der Butter einfetten und mit 1 EL Zucker bestreuen.

Kandierte Früchte im Kirschwasser einlegen.

Brioche in 1 Zentimeter dicke Scheiben schneiden.

Milch in einem Topf zum Sieden bringen.

Eier mit dem Zucker und dem Vanillezucker in einer Schüssel leicht schaumig schlagen. Nach und nach die warme Milch zugeben, dabei weiter schlagen. Creme beiseite stellen.

Den Boden der Form mit Briochescheiben auslegen, einige kandierte Früchte darauf verteilen und das Ganze mit etwas Kirschwasser beträufeln. So fortfahren, bis die gesamte Form abwechselnd mit Brioche- und Fruchtschichten gefüllt ist, dabei mit einer Briocheschicht abschließen. Die Creme durch ein Sieb darüber gießen und das Ganze einige Minuten ziehen lassen.

Pudding auf der mittleren Backofenschiene in eine zur Hälfte mit kochendem Wasser gefüllte Schale setzen.

45 Minuten im Backofen dämpfen und nach dem Erkalten 12 Stunden im Kühlschrank ruhen lassen. Vor dem Servieren auf eine Platte stürzen und mit kandierten Früchten garnieren.

Zitronenrolle

Für 6 Personen
ZUBEREITUNG: 45 Min.
BACKZEIT: 10 Min. bei 210 °C
KÜHLZEIT: etwa 6 Std.

ZITRONENCREME
1 Ei
3 Eigelbe
125 g Zucker
100 g Butter
100 ml Zitronensaft
1 EL geriebene Zitronenschale (unbehandelt)

TEIGROLLE
4 Eier
120 g Zucker
60 g Mehl
40 g Speisestärke
10 g grober Zucker

Bereiten Sie zunächst die Zitronencreme vor, damit sie beim Einrollen des Biskuits schön fest ist: in einem Topf das Ei, die Eigelbe, den Zucker, die Butter und den Zitronensaft verrühren und bei geringer Hitze aufschlagen, bis die Creme angedickt ist (sie darf auf keinen Fall kochen). Wenn die Masse eine honigartige Konsistenz hat, in eine Schüssel gießen und die geriebene Zitronenschale zugeben. Abkühlen lassen und 2 bis 3 Stunden in den Kühlschrank stellen.

Für die Teigrolle den Backofen auf 210 °C vorheizen.

Vorher die Fettpfanne mit Backpapier auslegen. Eier trennen. Eiweiß steif schlagen. Eigelb und Zucker cremig rühren. Mehl und Speisestärke sieben. Mit dem Teigschaber vorsichtig unter die Zucker-Ei-Masse heben, dann den Eischnee unterziehen. Biskuitteig auf dem Backpapier in der Fettpfanne verteilen, dabei einen Rand von 2 bis 3 Zentimeter lassen und glatt streichen.

10 Minuten backen. Der fertige Biskuit sollte goldbraun sein und sich an den Rändern leicht vom Papier heben. Aus dem Ofen nehmen, mit grobem Zucker bestreuen und auf ein feuchtes, gut ausgewrungenes Küchenhandtuch stürzen.

Backpapier entfernen. Zitronencreme in einer dicken Schicht auf dem Biskuit verteilen. Den Biskuit nun einrollen, dabei darauf achten, dass er nicht bricht (durch das feuchte Tuch bleibt er schön weich). Rolle abkühlen lassen, dann 3 bis 4 Stunden im Kühlschrank kalt stellen. Zum Servieren in 1 Zentimeter dicke Scheiben schneiden.

Apfelkuchen

Für 8 bis 10 Personen
Zubereitung: 1 1/2 Std.
(am Vortag beginnen)
Backzeit: 10 Min. bei 210 °C + etwa 1 Std. bei 180 °C

Teig
150 g Butter
250 g Mehl
50 g Zucker
geriebene Schale von 1 Zitrone (unbehandelt)
3 Eigelbe
1 Eiweiß

Belag
1 kg Äpfel (Renette, Boskop)
4 EL Paniermehl oder geriebenes altbackenes Brot
30 g Butter

Garnierung und Eiercreme
75 g Korinthen
6 EL Rum
2 Eier
1 Eigelb
75 g Zucker
300 ml Sahne
2 EL Zucker
25 g zerlassene Butter

Rosinen am Vortag in Rum einweichen.

Den Teig am Tag selbst zubereiten: Butter mit den Fingern in kleinen Stückchen unter das Mehl arbeiten. Zucker und Zitronenschale zugeben, dann Eigelbe und Eiweiß untermengen. Zutaten gut verkneten, der Teig sollte weich sein, aber nicht kleben. Zu einer Kugel formen, ausrollen und eine Springform damit auslegen. Die Form bis zum Backen in den Kühlschrank stellen.

Backofen auf 210 °C vorheizen.

Den Belag vorbereiten: Äpfel schälen, Kerngehäuse entfernen, die Früchte vierteln und in Scheiben schneiden. Form aus dem Kühlschrank nehmen. Das Paniermehl gleichmäßig auf dem Kuchenboden verteilen, mit Butterflöckchen bestreuen und darauf die Äpfel geben. 10 Minuten backen.

Währenddessen die Eiercreme zubereiten: Rosinen abtropfen lassen und den Rum dabei auffangen. Eier, Eigelb und Zucker verrühren, Sahne und Rum zugeben.

Nach 10 Minuten Backzeit die Hälfte der Masse über den Kuchen gießen. Backofentemperatur auf 180 °C reduzieren und weitere 25 Minuten backen. Dann den Kuchen aus dem Backofen nehmen (Ofen anlassen), die restliche Eiercreme darüber geben, mit den Rosinen und 2 EL Zucker bestreuen und mit der zerlassenen Butter übergießen. Noch einmal 40 Minuten backen, bis die Eiercreme gestockt ist. In der Form abkühlen lassen, dann zum Servieren auf einer Kuchenplatte anrichten.

[Die

Klassiker]

Die Vorliebe für süße Leckereien beschäftigt die Küchen der Welt bereits seit Jahrhunderten.
Eine Unzahl von Desserts sind bis heute erdacht und ständig verfeinert worden. Die meisten Süßspeisen wurden und werden anlässlich großer Feierlichkeiten oder zu Ehren berühmter Persönlichkeiten kreiert, doch das ein oder andere Rezept entsteht auch per Zufall oder durch ein Missgeschick.
Manche Rezepte sind lediglich regional bekannt, andere erfreuen sich in ganz Frankreich und über die Landesgrenzen hinaus großer Beliebtheit: Diese Klassiker sind ein wesentlicher Bestandteil der jahrhundertealten französischen Esskultur. Ein Weihnachtsfest ohne den traditionellen „Bûche de Noël" (Biskuitrolle, s. a. Maronenscheit S. 77), ein Dreikönigsfest ohne den klassischen Blätterteig-Mandelkuchen (s. S. 36) oder Mariä Lichtmess ohne Crêpes sind dort kaum denkbar. Doch man muss nicht in Paris oder Brest leben, um eine Paris-Brest zu genießen,
der Gugelhupf wird nicht nur im Elsass gegessen, und Tiramisu schmeckt nicht nur Italienurlaubern ...
Was ist schöner, als die Welt auf süßem Wege zu entdecken?!

Crème brûlée nach traditioneller Art

Für 6 Personen
Zubereitung: 15 Min.
Garzeit: 25 Min. bei 120 °C + 5 Min. unter dem Grill
Kühlzeit: 2 Std.

1 Vanilleschote
250 ml Milch
250 ml Sahne
4 Eigelbe
30 bis 50 g Zucker
1 TL Orangenblütenwasser
60 g Rohrzucker

Vanilleschote längs halbieren, mit der Milch in einen kleinen Topf geben und zum Kochen bringen. Sobald die Milch aufkocht, vom Herd nehmen und 10 Minuten bei geschlossenem Deckel ziehen lassen. Sahne hinzufügen und bis zum Siedepunkt erneut erhitzen.

Backofen auf 120 °C vorheizen.

Eigelbe mit dem Zucker cremig schlagen, dann nach und nach die Vanillemilch unterrühren. Orangenblütenwasser zugeben und die Creme auf 6 kleine, flache feuerfeste Schälchen verteilen. 25 Minuten lang im Backofen stocken lassen, bis sich auf der Creme eine Haut gebildet hat (die nicht braun werden darf).

Creme abkühlen lassen und mindestens 2 Stunden im Kühlschrank kalt stellen, bevor die Karamellschicht „gebrannt" wird.

Dazu den Grill des Backofens aufheizen. Zwischen Gitterrost und Grillstäben sollte ein Abstand von 15 Zentimeter sein.

Die Creme in den Schälchen mit Rohrzucker bestreuen. Unter den Grill stellen und den Zucker karamellisieren lassen, dabei ständig beobachten. Creme aus dem Ofen nehmen, sobald sich der Zucker in eine gebräunte Karamellkruste verwandelt hat. Sofort servieren. Wollen Sie die Creme lieber kalt genießen, diese zunächst abkühlen lassen und dann in den Kühlschrank stellen.

Tipp: Man kann den Zucker auch mit einem kleinen Bunsenbrenner karamellisieren.

Grießkuchen mit Aprikosen

Für 6 Personen
Zubereitung: 30 Min.
Backzeit Kuchen: 20 Min. bei 200 °C
Kochzeit Kompott: 10 Min.

Griessteig
750 ml Milch
1 Prise Salz
1/2 Vanilleschote
100 g feiner Weizengrieß
75 g Zucker
3 Eier
50 g Butter

Aprikosenkompott
750 g Aprikosen
50 ml Wasser
125 g Zucker
etwas Butter für die Form

Garnierung
einige Aprikosenscheiben
einige Stückchen Vanilleschote

Für den Grießteig die Milch mit dem Salz und der halben, längs aufgeschnittenen Vanilleschote zum Kochen bringen. Sobald sie aufkocht, den Grieß hineinrieseln lassen. Unter Rühren ca. 3 Minuten andicken lassen. Vom Herd nehmen, Zucker unterrühren und etwas abkühlen lassen. Die Eier verquirlen und zusammen mit der Butter unterziehen.

Für das Aprikosenkompott das Obst waschen und entsteinen. Mit dem Wasser in einem Topf zum Kochen bringen. Zucker zugeben, wenn die Aprikosen zu Kompott verkocht sind, und umrühren.

Backofen auf 200 °C vorheizen.

Eine Souffléform (24 Zentimeter Durchmesser) einfetten und mit Backpapier auskleiden. Die Hälfte des Grießteiges einfüllen und das Aprikosenkompott darauf verteilen. Nun den restlichen Grießteig darüber geben. 20 Minuten backen. Kuchen aus dem Ofen nehmen und vollständig auskühlen lassen, dann aus der Form lösen und das Papier entfernen.

Kuchen mit den Aprikosenscheiben und den Vanillestückchen garnieren.

Mousse au chocolat

Für 6 Personen
ZUBEREITUNG: 20 Min.
(3 Std. im Voraus)
KÜHLZEIT: 1 bis 3 Std.

200 g Bitterschokolade
125 g Butter
5 Eier
1 Prise Salz
2 EL Zucker

GARNIERUNG (NACH WUNSCH)
Schokostreusel oder
geraspelte Schokolade,
bunte Zuckerstreusel,
Kakao-Kaffeebohnen,
Sahne oder Puderzucker

Schokolade in gleichmäßige kleine Stücke brechen. Im Wasserbad zum Schmelzen bringen. Dann aus dem Wasserbad nehmen und die in Stücke geschnittene Butter unterrühren, sodass eine glatte, glänzende Masse entsteht.

Eier trennen. Eigelbe unter die geschmolzene Schokolade rühren. Masse erkalten lassen. Eiweiße mit dem Salz steif schlagen. Sobald der Schnee sehr fest ist, mit dem Zucker bestreuen und noch ein wenig weiter schlagen, damit sich der Zucker gut verteilt und auflöst.

Ein Drittel des Eischnees zu der erkalteten Schokoladencreme geben. Kräftig mit einem Holzlöffel rühren, sodass eine lockere Masse entsteht. Nun das restliche Eiweiß vorsichtig auf einmal unterheben.

Schokoladencreme nun in eine Schale oder 6 Schälchen geben und 2 bis 3 Stunden im Kühlschrank kalt stellen. Nach 1 Stunde ist die Mousse ausreichend fest, sie sollte nicht länger als 12 Stunden aufbewahrt werden.

Mousse vor dem Servieren mit Schokostreuseln, geraspelter Schokolade, Zuckerstreuseln, Kakao-Kaffeebohnen, Schlagsahne oder Puderzucker garnieren.

Baisers

Für 6 Personen
ZUBEREITUNG: 5 Min.
BACKZEIT: 1 1/2 Std. bei 110 °C

3 Eiweiße
150 g Zucker
etwas Öl und Mehl
für das Backpapier

Backpapier auf die Größe des Backblechs zurechtschneiden. Gleichmäßig mit Öl bestreichen, dann mit einer feinen Schicht Mehl bestäuben.

Eiweiße sehr steif schlagen. Der Eischnee sollte fest, aber nicht brüchig sein. Nun den Zucker gleichmäßig darüber rieseln und vorsichtig mit einem Holzlöffel (keinesfalls mit dem Handrührgerät) unterheben. Dabei zügig und ohne hastige Bewegungen arbeiten.

Backofen auf 110 °C vorheizen.

Mithilfe eines Spritzbeutels Baisers auf das Blech setzen, dabei genügend Platz lassen, denn die Baisers gehen beim Backen noch ein wenig auf.

Auf der mittleren Backofenschiene (mindestens) 1 1/2 Stunden backen, dabei darauf achten, dass das Gebäck nicht bräunt; anschließend aus dem Backofen nehmen und vom Backpapier lösen.

Baisers schmecken pur oder lassen sich in zahlreichen Desserts verarbeiten.

Karamell-Reiskuchen

Für 6 Personen
Zubereitung: 20 Min.
Backzeit: 45 Min. bei 210 °C
Ruhezeit: 4 Std.

250 g Milchreis
1 Liter Milch
geriebene Schale von 1 Zitrone (unbehandelt)
1 Vanilleschote
100 g Zucker
50 g Butter
30 Stück Würfelzucker
5 EL Wasser
4 Eigelbe
100 g in Würfel geschnittene kandierte Früchte

Backofen auf 210 °C vorheizen.

Reis waschen, in einen Topf geben, mit kaltem Wasser bedecken, zum Kochen bringen und dann abgießen.

Milch mit der Zitronenschale, der längs halbierten Vanilleschote und dem Zucker in einem großen, feuerfesten Topf zum Kochen bringen. Topf vom Herd nehmen, Butter und Reis einrühren und wieder auf den Herd stellen. Sobald der Reis einmal aufgekocht ist, einen Deckel auf den Topf setzen und das Ganze 25 Minuten in den Backofen schieben.

Würfelzucker mit dem Wasser tränken und in eine Charlotte- oder Kranzform legen. Bei mittlerer Hitze auf den Herd stellen. Kochvorgang beobachten: Sobald der Karamell hellgelb ist, Form vom Herd nehmen und schwenken, damit sich die Karamellmasse gleichmäßig darin verteilt.

Vanilleschote und Zitronenschale aus dem Milchreis entfernen und diesen abkühlen lassen. Eigelbe und kandierte Früchte hinzufügen, umrühren und die Masse in die Form geben.

Form in eine zur Hälfte mit Wasser gefüllte Schale setzen und im Backofen 20 Minuten im Wasserbad dämpfen. Abkühlen lassen und 4 Stunden im Kühlschrank kalt stellen.

Vor dem Servieren die Form kurz mit dem Boden in heißes Wasser tauchen und den Reiskuchen dann auf eine Kuchenplatte stürzen.

Clafoutis mit Kirschen und Rhabarber

Für 6 Personen
Zubereitung: 30 Min.
Backzeit: 25 bis 30 Min. bei 220 °C

300 g Rhabarber
300 g Kirschen
30 g Butter
200 ml Milch
100 g Mehl
100 g Zucker
1 Prise Salz
3 Eier
2 Päckchen Vanillezucker
1/2 Liter Vanilleeis

Rhabarber schälen und in kleine Stücke schneiden. Kirschen waschen, entstielen und entsteinen.

6 kleine Auflaufformen großzügig einfetten und die Früchte darauf verteilen.

Backofen auf 220 °C vorheizen.

Milch lauwarm erhitzen. Für den Clafoutisteig das Mehl in eine Schüssel schütten und in die Mitte eine Mulde drücken. Dort hinein Zucker und Salz geben. Die Eier hinzufügen und mit den Zutaten vermengen. Dabei nach und nach die lauwarme Milch zugeben.

Teig in die Auflaufformen mit den Früchten verteilen und das Ganze 25 bis 30 Minuten backen. Aus dem Ofen nehmen und mit Vanillezucker bestreuen. Die Clafoutis fallen beim Abkühlen zusammen.

Auf jede Portion vor dem Servieren (warm oder kalt) eine Kugel Vanilleeis setzen.

Œufs au lait (gestockte Eiercreme)

Für 6 Personen
(6 Förmchen à 120 ml)
ZUBEREITUNG: 15 Min.
GARZEIT: 40 Min. bei 200 °C

500 ml Milch
75 g Zucker
1/2 Vanilleschote
3 große Eier

Milch mit dem Zucker und der halbierten Vanilleschote aufkochen. 5 Minuten ziehen lassen, dann die Vanilleschote herausnehmen.

Eier in einer Schüssel kräftig aufschlagen. Langsam die heiße Milch zugeben, dabei weiter schlagen. Creme durch ein Haarsieb streichen und auf 6 feuerfeste Förmchen verteilen.

Backofen auf 200 °C vorheizen.

Fettpfanne des Backofens (oder eine Form, die ausreichend groß für die 6 Förmchen ist) mit 2 bis 3 Schichten Küchenkrepp auslegen, dann die Förmchen hineinstellen. Die Fettpfanne bis auf Cremehöhe mit warmem Wasser füllen und die Eiercreme 40 Minuten im Backofen stocken lassen. Die Fettpfanne dabei im oberen Drittel des Backofens platzieren: So ist die Hitze von unten nicht zu groß, und die Creme kann von oben bräunen. Die Creme ist fertig, wenn sie vollständig fest geworden ist. Aus dem Ofen nehmen und vor dem Servieren erkalten lassen.

Schwarzwälder Kirschtorte

Für 8 bis 10 Personen
ZUBEREITUNG: 45 Min.
BACKZEIT: 15 Min. bei 190 °C

TORTENBÖDEN
30 g Butter zum Einfetten
2 EL Mehl zum Bestäuben
6 Eier
200 g Zucker
1 Prise Salz
1 TL Vanilleextrakt
60 g Mehl
75 g Kakao
150 g Butter

BELAG
500 g frische oder 600 g eingemachte Sauerkirschen
250 ml Wasser
180 g Zucker
2 Likörgläser Kirschlikör

FÜLLUNG
400 ml Sahne
50 g Puderzucker
1 bis 2 Gläser Kirschlikör

GARNIERUNG
200 g Bitterschokolade

Für die Tortenböden 3 Springformen mit identischem Durchmesser (18 Zentimeter) einfetten und mit Mehl bestäuben. Eier mit dem Zucker, dem Salz und dem Vanilleextrakt schaumig schlagen: Die Masse muss ihr Volumen verdoppeln.

Backofen auf 190 °C vorheizen.

Mehl und Kakao mischen und dann sieben. Löffelweise unter den Teig ziehen. Butter anschmelzen, abkühlen lassen und vorsichtig unter den Teig mengen. Teig auf die Formen verteilen und 15 Minuten backen. Nach einer Garprobe in der Mitte der Böden die Formen aus dem Backofen nehmen und nach 5 Minuten aus der Form lösen. Auf einem Gitter abkühlen lassen.

Für den Belag frische Sauerkirschen entstielen und entsteinen, eingemachte Früchte gut abtropfen lassen und ggf. entsteinen. Wasser mit dem Zucker zum Kochen bringen. Kirschen hinzufügen und 5 Minuten köcheln lassen. Früchte abtropfen lassen und den Sirup auffangen. Kirschlikör in den erkalteten Sirup geben.

Für die Füllung die Sahne in eine gekühlte Schüssel geben, den Puderzucker hinzufügen. Mit dem Schneebesen schlagen, bis die Sahne fest zu werden beginnt, dann langsam das Kirschwasser hineinlaufen lassen, dabei weiter schlagen und anschließend kalt stellen.

Für die Garnierung die Schokolade mit einem Sparschäler über einem Stück Alufolie in Späne hobeln. Sie sollte Zimmertemperatur haben und beim Hobeln möglichst wenig berührt werden (am besten dünne Einweghandschuhe tragen). Schokoladenraspeln bis zur Verwendung in den Kühlschrank stellen.

Um die Torte zu montieren, die erkalteten Tortenböden einige Male mit einer Gabel einstechen und mit dem Kirschsirup tränken. Den ersten Boden auf einer Kuchenplatte anrichten. Mit einer Sahneschicht bestreichen (1 Zentimeter dick, etwa ein Viertel der Gesamtmenge), dann die Hälfte der Kirschen darauf verteilen. Zweiten Boden auf die Kirschen setzen, mit Sahne bestreichen und die restlichen Kirschen verteilen. Nun vorsichtig dritten Boden darauf setzen. Torte ringsum mit der verbliebenen Sahne bestreichen und mit den Schokoraspeln bestreuen. Diese vor dem Servieren leicht in die Sahne drücken.

Tiramisu ▸

Für 8 Personen
ZUBEREITUNG: 10 Min.
RUHEZEIT: 24 Std. im Kühlschrank

200 ml starker Kaffee
2 EL Marsala
18 Löffelbiskuits
3 Eiweiße
150 g Zucker
6 Eigelbe
500 g Mascarpone
2 EL Kakao (ungezuckert)

Kaffee mit 1 EL Marsala vermischen. Löffelbiskuits nacheinander rasch in die Mischung tauchen und auf dem Boden einer rechteckigen Form (20 x 15 Zentimeter) anordnen.

Eiweiße steif schlagen.

Zucker mit den Eigelben cremig rühren. Mascarpone und den restlichen Marsala untermengen und schließlich vorsichtig den Eischnee unterziehen.

Creme auf den Löffelbiskuits verteilen und das Ganze 24 Stunden im Kühlschrank kalt stellen. Tiramisu vor dem Servieren mit dem Kakao bestäuben.

Adventskuchen mit Datteln und Walnüssen

Für 6 Personen
ZUBEREITUNG: 45 Min.
(am Vortag beginnen)
BACKZEIT: 20 Min. bei 180 °C

BISKUIT
3 Eier
100 g Zucker
1 Prise feines Salz
100 g gesiebtes Mehl
60 g Butter

SIRUP
125 ml Wasser
150 g Zucker
3 EL Schnaps (Sorte nach Wahl)
100 g entkernte Datteln
50 g geschälte Walnüsse

GLASUR
100 g Puderzucker
1 EL Wasser
1 EL Schnaps

GARNIERUNG
10 Pecannüsse
3 Pistazien

Biskuit am Vortag zubereiten: Eier, Zucker und Salz in eine Schüssel geben. Im Wasserbad bei geringer Hitze mit dem Schneebesen aufschlagen: Die Masse muss ihr Volumen verdreifachen und hellgelb und cremig werden. Mehl auf den Teig rieseln lassen und vorsichtig mit einem Holzspatel unterheben. Wenn ein Teil des Mehls untergearbeitet ist, vorsichtig ca. 40 Gramm der Butter hineingeben und rasch mit dem restlichen Mehl unterziehen. Der Teig sollte dabei seine Lockerheit behalten.

Backofen auf 180 °C vorheizen.

Eine Kuchenform mit 22 Zentimeter Durchmesser mit der restlichen Butter einfetten und die Biskuitmasse hineingeben und 20 Minuten backen. Stechen Sie mit einem Stahlspieß in den Kuchen. Wenn kein Teig daran haften bleibt, ist der Biskuit fertig. Aus dem Ofen nehmen und sofort aus der Form lösen. 24 Stunden ruhen lassen, sodass der Boden ein wenig antrocknet, dann den Biskuit horizontal in 3 gleich dicke Scheiben schneiden.

Für den Sirup das Wasser und den Zucker in einen Topf geben. 10 Minuten bei geringer Hitze kochen, vom Herd nehmen und den Schnaps zugießen.

Datteln und Walnüsse fein hacken, in den Sirup geben und das Ganze abkühlen lassen. Biskuit auf einer Kuchenplatte wieder zusammensetzen. Dabei jede Schicht mit Sirup tränken.

Aus dem Puderzucker, dem Wasser und dem Schnaps eine dicke Glasur anrühren. Mit dem Schneebesen aufschlagen und mit einem Spatel auf dem Kuchen verteilen. Diesen mit den Pecannüssen und den gehackten Pistazien garnieren. Vor dem Servieren mit Kerze(n) (Anzahl entsprechend der Adventswoche) dekorieren.

Crème caramel

Für 8 Personen
ZUBEREITUNG: 5 Min.
GARZEIT: 15 Min.
in der Mikrowelle

400 ml Milch
1 TL Vanillepulver
4 Eier
100 g Zucker
12 Stück Würfelzucker

Milch und Vanillepulver in ein hohes, für die Mikrowelle geeignetes Gefäß geben und 2 Minuten bei höchster Wattzahl erhitzen.

Eier und Zucker in einer Schüssel verquirlen, jedoch nicht schaumig schlagen. Unter Rühren die warme Milch zugeben.

In 8 kleine Auflaufförmchen mit 8 Zentimeter Durchmesser und 4 Zentimeter Höhe je anderthalb Stück Würfelzucker legen. Zucker mit etwas Wasser beträufeln und die Förmchen bei höchster Wattzahl 8 Minuten in die Mikrowelle setzen. Herausnehmen, wenn der Karamell gelb wird.

Creme in die Förmchen geben und diese in eine Kuchenform aus Porzellan stellen, die zu 2 Dritteln mit kochendem Wasser gefüllt ist. Mit Frischhaltefolie abdecken und über den Förmchen einige Male einstechen. Die Creme bei 70 %iger Leistung der Mikrowelle 5 Minuten garen, dann noch 5 Minuten im Wasserbad stehen lassen.

Creme in den Förmchen warm oder kalt servieren.

Far breton (bretonischer Milch-Eier-Auflauf)

Für 8 bis 10 Personen
ZUBEREITUNG: 20 Min.
(am Vortag beginnen)
BACKZEIT: 1 Std. bei 220 °C
EINWEICHZEIT: 24 Std.

250 g schöne Pflaumen
1 Liter schwacher Tee
50 g (leicht gesalzene) Butter
200 g gesiebtes Mehl
150 g Zucker
1 Prise Salz
4 Eier
750 ml lauwarme Milch
1 EL Rum
1 Päckchen Vanillezucker
1 TL Zimt

Die Pflaumen am Vortag in dem schwachen Tee einlegen. Am Tag selbst abtropfen lassen und entsteinen.

Mit der Hälfte der Butter eine feuerfeste Ton- oder Porzellanform einfetten. Die Pflaumen auf dem Boden verteilen.

Backofen auf 220 °C vorheizen.

Mehl in eine Schüssel geben und in die Mitte eine Mulde drücken. Dort hinein Zucker, Salz und Eier geben und nach und nach mit der Milch verrühren. Es entsteht ein flüssiger, leichter und homogener Teig.

Rum und Vanillezucker unterrühren.

Teig vorsichtig über die Pflaumen gießen. Mit Zimt bestreuen. Restliche Butter in Flocken darüber verteilen.

1 Stunde backen: Der Auflauf geht beim Backen sehr stark auf und fällt dann wieder zusammen. Aus dem Backofen nehmen und vor dem Servieren ein wenig abkühlen lassen.

Simnel Cake (englischer Osterkuchen)

Für 15 Personen
ZUBEREITUNG: 30 Min.
(am Vortag beginnen)
BACKZEIT: 1 Std. bei 180 °C
und 40 Min. bei 160 °C

etwas Butter für die Form
225 g Butter
225 g Rohrzucker
4 große Eier
350 g Korinthen
175 g Sultaninen
300 g Mehl
1 Prise Salz
geriebene Schale von 1 Zitrone (unbehandelt)
1 TL Zimt
1 TL Muskat
250 ml Milch
500 g Marzipan
1/2 Glas Aprikosenkonfitüre oder Fruchtgelee nach Wahl

Am Vortag eine runde Kuchenform (20 Zentimeter Durchmesser) mit 7 Zentimeter hohem Rand einfetten und den Rand von innen mit einer Manschette aus Backpapier versehen.

Butter mit dem Rohrzucker sehr cremig schlagen, dann nacheinander die Eier zugeben. Dabei Masse zwischendurch stets gründlich durchrühren.

Korinthen und Sultaninen waschen und abtropfen lassen.

Backofen auf 180 °C vorheizen.

Mehl, Salz, Zitronenschale, Gewürze und Rosinen mischen und unter den Teig ziehen. Nach Bedarf kalte Milch zufügen, sodass ein fließender, jedoch nicht zu flüssiger Teig entsteht.

Mit einem Löffel die Hälfte des Teiges in die Form geben und glatt streichen.

200 Gramm Marzipan ausrollen und einen Kreis mit 20 Zentimeter Durchmesser ausschneiden. Diesen auf den Teig in der Form legen. Den restlichen Teig darüber verteilen und glatt streichen.

1 Stunde backen, dann die Backofentemperatur auf 160 °C reduzieren. Den Kuchen anschließend so lange backen, bis er sich fest anfühlt (etwa 40 Minuten).

Abkühlen lassen, aus der Form lösen und bis zum nächsten Tag ruhen lassen.

Dann die Hälfte des restlichen Marzipans ausrollen. Einen Kreis mit 20 Zentimeter Durchmesser ausschneiden. Kuchen oben mit Aprikosenkonfitüre bestreichen und mit dem Marzipan belegen. Mit einem spitzen Messer ein Gitternetz in das Marzipan zeichnen.

Aus dem restlichen Marzipan 11 Kugeln rollen (sie symbolisieren die Apostel bis auf Judas) und diese auf den Kuchenrand setzen (mit etwas Konfitüre festkleben). Simnel Cake servieren.

Man kann diesen Kuchen in einer Metalldose einige Tage aufbewahren.

Clafoutis „Birne Helene“

Für 6 Personen
ZUBEREITUNG: 20 Min.
BACKZEIT: 40 Min. bei 200 °C

20 g Butter für die Form
1 EL grober Zucker für die Form
120 bis 150 g Zucker (nach Geschmack dosieren)
6 Birnen der Saison (nicht zu groß)
Saft von 1 Zitrone
60 g gesiebtes Mehl
2 Päckchen Vanillezucker
4 Eier
250 ml Sahne
250 ml Milch

SCHOKOLADENCOULIS
200 g Bitterschokolade
200 ml süße Sahne
1 EL Zucker

Backofen auf 200 °C vorheizen.

Kuchenform mit 24 Zentimeter Durchmesser einfetten und mit grobem Zucker bestreuen.

Birnen schälen, dann mit einem spitzen Messer von unten das Kerngehäuse entfernen. Früchte sofort mit Zitronensaft beträufeln, damit sie nicht braun werden, und aufrecht mit einigem Abstand in die Form setzen.

Mehl, Zucker und Vanillezucker in einer Schüssel vermengen und die Eier hinzufügen. Mit der Küchenmaschine oder dem Handrührgerät durchmixen. Danach die Sahne und die Milch zugeben. Rühren, bis ein flüssiger Teig entstanden ist. Diesen vorsichtig um die Birnen herum in die Form gießen. 40 Minuten auf der mittleren Backofenschiene backen.

Das Schokoladencoulis erst kurz vor dem Servieren zubereiten: Schokolade in Stücke brechen und im Wasserbad (oder in der Mikrowelle) schmelzen. Sobald sie weich ist, Sahne und Zucker unterrühren, bis eine sämige, aber flüssige Sauce entstanden ist. Im Wasserbad bei sehr geringer Hitze warm stellen.

Clafoutis in 6 Portionen aufteilen und auf Desserttellern anrichten. Mit Schokoladencoulis umgießen und die restliche Sauce getrennt servieren.

Variante: Der Teig für den Clafoutis wird feiner, wenn Sie 2 ganze Eier und 2 Eigelbe statt 4 ganzer Eier verwenden.

Madeleine-Kuchen

Für 8 Personen
ZUBEREITUNG: 15 Min.
BACKZEIT: 30 Min. bei 200 °C

125 g Butter
4 Eier
150 g Zucker
1 Päckchen Vanillezucker
1 unbehandelte Zitrone
1 TL Bittermandelextrakt
125 g Mehl
20 g Butter für die Form
1 EL Mehl für die Form
1 Prise Salz
bunte Zuckerstreusel zum Garnieren

Backofen auf 200 °C vorheizen.

Butter zum Schmelzen bringen, aber nicht bräunen und anschließend abkühlen lassen.

Die Eier trennen. Eiweiße beiseite stellen, Eigelbe in eine Schüssel geben. Zucker und Vanillezucker hinzufügen und die Masse cremig schlagen.

Die zerlassene Butter unter weiterem Schlagen nach und nach zugeben.

Die Zitrone unter fließendem Wasser abbürsten. Abtrocknen, ihre Schale fein reiben und mit dem Bittermandelextrakt unter den Teig ziehen.

Mehl und Salz mischen und auf den Teig sieben, jedoch noch nicht unterheben.

Eiweiß steif schlagen und auf das Mehl in der Schüssel geben. Nun beides mit runden, großzügigen Bewegungen sorgfältig unter den Teig ziehen.

Eine etwa 20 Zentimeter lange rechteckige Form einfetten und mit Mehl bestäuben. Überschüssiges Mehl abklopfen. Teig hineingeben.

30 Minuten auf der mittleren Backofenschiene backen. Wenn der Kuchen zu schnell braun wird, mit einem Stück Alufolie abdecken. Fertigen Kuchen aus dem Backofen nehmen und sofort aus der Form lösen. Vor dem Servieren mit bunten Zuckerstreuseln garnieren. Warm oder kalt genießen.

Milchreis mit Kirschkompott

Für 8 Personen
ZUBEREITUNG: 50 Min.
KOCHZEIT REIS: 35 bis 45 Min.
KOCHZEIT KIRSCHEN: 30 Min.
KÜHLZEIT: 2 Std.

MILCHREIS
200 g Milchreis
1 Liter Wasser
1 Liter Vollmilch
300 ml Sahne
100 g Zucker

KIRSCHKOMPOTT
1 kg Kirschen
2 Zitronen (unbehandelt)
200 g Zucker

Für den Milchreis den Reis unter kaltem Wasser abwaschen. Mit dem Wasser in einen Topf geben und zum Kochen bringen. 5 Minuten kochen lassen, dann abschütten.

Den abgetropften Reis, die Milch, die Hälfte der Sahne und den Zucker in einem Topf verrühren. Bei kleiner Hitze 30 bis 40 Minuten köcheln lassen – je nach Flüssigkeitsaufnahme des Reises und der Größe der Hitze. Häufig umrühren, damit der Reis nicht am Topf ankocht.

Den Topf vom Herd nehmen, sobald der Reis gar und schön cremig ist. Diesen sofort in eine Schüssel umschütten. Restliche Sahne unter den heißen Reis rühren, um ihn noch sämiger zu machen.

In 8 Dessertschälchen füllen, vollständig abkühlen lassen und das Ganze etwa 2 Stunden im Kühlschrank kalt stellen.

Für das Kirschkompott die Kirschen waschen, entstielen und entsteinen (dabei halbieren).

Zitronen unter fließendem Wasser abbürsten, die Schale abreiben und den Saft auspressen.

Obst mit dem Saft, der Zitronenschale und dem Zucker in einen Topf geben. 30 Minuten unter gelegentlichem Umrühren bei kleiner Hitze kochen, bis die Früchte zu Kompott geworden sind und der Saft eine sirupartige Konsistenz hat. In eine Schüssel umfüllen und vollständig erkalten lassen.

Den Reis zum Servieren aus den Förmchen auf Dessertteller stürzen. Kirschen um den Reis herum anrichten, dabei einige Früchte auf das Dessert geben.

[Glossar]

Abziehen ▸ Die Haut von Nüssen und bestimmten Früchten entfernen.

Andicken ▸ Sauce oder Creme unter Hitzeeinwirkung fest werden lassen.

Anrichten ▸ Vorbereitete Desserts auf einer Platte oder in einer Schüssel zum Verzehr vorbereiten oder einen Kuchen aus mehreren Bestandteilen fertig stellen.

Aromatisieren ▸ Ein Dessert mit einer bestimmten Geschmacksrichtung versehen, z. B. Vanille, Schokolade oder Alkohol in eine Creme geben.

Blanchieren ▸ Obst kurz mit heißem Wasser ab- oder überbrühen, um die Schale leichter ablösen zu können (Pfirsiche, Mandeln) oder um es weich zu machen.

Blindbacken ▸ Tortenboden ohne Belag (vor)backen.

Buttern, auch Einfetten ▸ Eine Form o. Ä. mit einer dünnen Butterschicht versehen, um ein Anhaften des Desserts zu verhindern.

Filtern (s. a. Passieren) ▸ Flüssigkeit durch ein Haarsieb oder spezielles Papier gießen, um sie zu reinigen.

Flambieren ▸ Erwärmten Alkohol über ein Dessert gießen und entzünden.

Garnieren ▸ Ein Dessert verzieren.

Glasieren ▸ Ein Dessert mit Puderzuckerglasur (angerührt mit Wasser, Fruchtsaft oder Alkohol) oder Konfitüre überziehen.

Karamellisieren ▸ Bezeichnet den Vorgang, bei dem Zucker zu Karamell wird.

Klären ▸ Butter oder Flüssigkeiten, etwa Sirup, von Unreinheiten befreien.

Montieren ▸ Torte aus mehreren Bestandteilen fertig stellen.

Passieren ▸ Flüssigkeit oder Creme durch ein Haarsieb oder grobes Leintuch drücken.

Pochieren ▸ Obst, Eiweiß o. Ä. einige Minuten in siedendem Wasser oder siedender Milch garen.

Reduzieren ▸ Durch Kochen das Wasser in einer Flüssigkeit zum Verdampfen bringen und damit den Geschmack konzentrieren.

Schlagen, auch Aufschlagen ▸ Eischnee oder Sahne u. Ä. kräftig mit dem Schneebesen oder dem Handrührgerät bearbeiten.

Sieben ▸ Etwas durch ein Sieb streichen, um Klümpchen zu entfernen (Mehl, Puderzucker).

Sieden ▸ Zustand einer Flüssigkeit kurz vor dem Aufkochen.

Tränken ▸ Kuchen in mehreren Durchgängen mit Sirup oder Alkohol befeuchten, sodass er vollständig davon durchzogen ist.

Wasserbad ▸ Ein großer Topf mit siedendem Wasser, in den ein kleineres Gefäß gestellt wird.

Zerlassen ▸ Butter o. Ä. unter Hitzeeinwirkung zum Schmelzen bringen.

Zesten ziehen ▸ Mithilfe eines Messers oder eines Zestenschneiders die oberen Hautschichten einer Zitrusfrucht entfernen.

Ziehen lassen ▸ Aromatische Substanz (z. B. Vanilleschote) in eine kochende Flüssigkeit geben und darin belassen, bis diese den Geschmack angenommen hat.

[Index]

[Danksagung]

Herzlichen Dank an Colette Bon, Brigitte Brigante, Michèle Carles, Christian Proust und Laurent Terrasson für ihre wertvolle Hilfe, ebenso an alle Mitarbeiter von CEDUS, die im Laufe der Jahrzehnte zu den verschiedenen Versionen dieses Werkes des Centre d'Études et de Documentation du Sucre beigetragen haben.